अम्बेडकर और गाँधी

सम्पर्क : बी-206, रोहिणी अपार्टमेंट, सेक्टर-4, गोमती नगर विस्तार, लखनऊ-226010 (उ. प्र.)

ई-मेल : rajeshkr1101@gmail.com

अम्बेडकर और गाँधी

राजेश कुमार

वाणी प्रकाशन

वाणी प्रकाशन
4695, 21-ए, दरियागंज, नयी दिल्ली 110 002
फ़ोन : +91 11 23273167 फ़ैक्स : +91 11 23275710

शाखाएँ
अशोक राजपथ, पटना 800 004, बिहार
कॉफ़ी हाउस कैम्पस, महात्मा गांधी मार्ग, इलाहाबाद 211 001, उत्तर प्रदेश
महात्मा गांधी अन्तरराष्ट्रीय हिन्दी विश्वविद्यालय, वर्धा 442 001, महाराष्ट्र

www.vaniprakashan.in
marketing@vaniprakashan.in
sales@vaniprakashan.in

AMBEDKAR AUR GANDHI
by Rajesh Kumar

ISBN : 978-93-87889-97-2
Play

प्रथम संस्करण

मूल्य : ₹ 295

एम.एस. प्रिंटर्स, दिल्ली-110 093 में मुद्रित

वाणी प्रकाशन का लोगो मक़बूल फ़िदा हुसेन की कूची से

अस्मिता के जीवट रंगकर्मियों को
जिनका रंगमंच पर
जीवन का पक्ष रखने में
अनवरत प्रयास जारी है...

आभार

परिकल्पना स्पष्ट होने के बाद नाटक को इतिहास की ठोस ज़मीन पर खड़ा करने के लिए, द्वन्द्व को उभारने और तर्क को तीक्ष्ण बनाने के लिए धनंजय कीर, बसन्त मून, गणेश मन्त्री, कँवल भारती, प्रेमानन्द गज्बी, राजेन्द्र मोहन भटनागर, रंगनायकम्मा, शंकरानन्द शास्त्री, चंद्रिका प्रसाद जिज्ञासु को, जिनके साहित्य ने इस नाटक को महज़ इतिहास नहीं बनने दिया बल्कि विषय की गहराई से साक्षात्कार करा कर आज के यथार्थ से टकरा कर, धार को और तेज़, नुकीला बनाया।

नाटक पाठ और मंचन के बाद, खुली चर्चा में भाग लेने वाले सभी रंगकर्मियों, संस्कृतिकर्मियों, साहित्यकारों, समीक्षकों एवं प्रबुद्ध दर्शकों को, जिन्होंने अपनी बेलाग प्रतिक्रियाओं से नाटक पर छाये कोहरे को निरन्तर साफ़ और स्पष्ट किया।

और अन्त में अन्तरंगता और गहराई से अरुण माहेश्वरी को, इस विचार को जीवन्त और व्यापक बनाने के लिए।

सृजन का आत्मसंघर्ष

लेखन का कार्य पूर्ण होने के बाद भी नाटक पूर्ण नहीं होता है बल्कि निर्देशक और कलाकार का कार्य तो उसके बाद ही प्रारम्भ होता है। इस नाटक के अब तक कई मंचन हो चुके हैं लेकिन लगता है नाटक का जो कार्य है, जिस मक़सद के लिए लिखा गया है, वह फ़िलहाल पूर्ण नहीं हुआ है और न आने वाले कुछ सालों तक होने वाला है। यह जो नाटक है, समाज में व्याप्त वर्ण व्यवस्था को लेकर जो विभिन्न मत हैं, उन्हीं को केन्द्र में रखकर लिखा गया है। वर्ण व्यवस्था की जड़ समाज में जितनी गहरी फैल गयी है, यह किसी से छिपी नहीं है। कुछ लोग इस व्यवस्था में भी सकारात्मक तत्त्व ढूँढ़ने की कोशिश करते हैं, नये सन्दर्भों में परिभाषित करते हैं, तो कुछ लोग समूल जड़ से उखाड़े बिना समानता न आने का तर्क देते हैं। यह नाटक पक्ष-विपक्ष की दलीलों को विज्ञान व तर्क की कसौटी पर कसने का प्रयास करता है, इसलिए इस नाटक का जो उद्देश्य है, बरकरार रहेगा। जब भी नाटक मंचित होगा, सुकून से बैठने नहीं देगा। सोचने के लिए, तर्क करने के लिए विवश करेगा, इसका मुझे ख़ूब एहसास है।

प्रथम पाठ से मंचन तक यह नाटक कई सवालों को लेकर मेरे सामने आता रहा। किसी ने नाटक में दृश्य की कमी की ओर ध्यान खींचा तो किसी ने इसमें संवादों की बहुलता की ओर इशारा किया। कुछ की प्रतिक्रिया थी कि नाटक में अधिकतर समय पात्र बातचीत करते नज़र आते हैं। नाटक महज़ वार्तालाप नहीं है। उसमें कुछ घटित होते दिखना चाहिए। जब नाटक सुनने में आनन्द आ जाए तो मंचन की क्या आवश्यकता है? कई लोगों ने नाटक के स्ट्रक्चर पर ही प्रश्नचिह्न खड़ा कर दिया। कुछ लोगों की आपत्ति थी कि इसमें क्लासिकल जैसा कुछ नहीं दिखता है। एक प्रतिक्रिया बार-बार आयी कि इसमें गाँधी के चरित्र को कमज़ोर किया गया है। लेखक का झुकाव अम्बेडकर की ओर सायास दिखता है। जिज्ञासाएँ और सवालों का ताँता रुकने का नाम नहीं ले रहा था। कुछ तो कह रहे थे, वर्ण व्यवस्था को लेकर गाँधी की इन अवधारणाओं के बारे

में तो हमें पता ही नहीं था। कुछेक पूना पैक्ट के और ब्योरे की माँग कर रहे थे। लब्बोलुआब यह था कि नाटक लोगों को चैन से बैठने नहीं दे रहा था।

नाटक पाठ के बाद जब सारे लोग अपनी प्रतिक्रिया दे देते, तब सबसे अन्त में मुझसे अपनी बात रखने के लिए कहा जाता था। सफ़ाई में अपनी तरफ़ से कुछ कहने के लिए कठघरे में खड़ा करते थे। ऐसा ही कुछ इस नाटक के मंचन के बाद भी होता था जब निर्देशक अरविन्द गौड़ दर्शकों को बातचीत का न्यौता देते थे। दर्शकों के बीच से नाटक में प्रस्तुत गाँधी-अम्बेडकर विवाद पर ज़्यादा सवाल खड़े होते थे जिनसे कभी अरविन्द तो कभी मैं जूझते रहते थे। कभी-कभी तो यह बहस घण्टे-आधे घण्टे खिंच जाती थी। बहस बन्द करनी पड़ती थी। मुझे ख़ुशी होती थी कि नाटक कम-से-कम इस मुद्दे पर कुछ सोचने के लिए उकसा तो रहा है।

नाटक का कथ्य इतिहास से लिया गया है लेकिन इतिहास का यह टुकड़ा न उस वक़्त के यथार्थ से अलग था, न यह आज के यथार्थ से कटा है। इतिहास का यह टुकड़ा कोई कहानी नहीं है, एक घटना है जो समाज के अन्दर एक क्रान्तिकारी परिवर्तन लायी। और बदस्तूर आज भी जारी है। इतिहास में केवल क़िस्सा कहानी ही नहीं है, ऐसे बहुतेरे खण्ड हैं जो आज भी अपनी विषयवस्तु को लेकर प्रासंगिक हैं। अमूमन लोग इतिहास को उसी भक्ति भाव से लेते हैं जो दर्ज होता है। मेरा प्रयास उस इतिहास के पीछे जो एक और इतिहास छिपा है या जान-बूझकर जिसे बाहर नहीं लाया जा रहा है, लोगों के बीच लाना है और इस पर बजाप्ता बहस कराना है। आज की बहुत सारी समस्याओं की जड़ कहीं न कहीं इतिहास में है और उनका हल वहीं से निकाला जा सकता है। लेकिन यह इतना सरल भी नहीं है। इतिहास की जड़ में जो सवाल दबा है, उस पर बहस करना तभी सार्थक होगा जब लोग अपने-अपने पूर्वाग्रहों से बाहर निकलें। अपने अन्दर बैठे जड़वाद को उखाड़ फेंकें वरना उस अन्धमोह में कोई तर्क सुनने के लिए तैयार नहीं होगा चाहे वह तर्क कितना भी समसामायिक, वैज्ञानिक और व्यावहारिक हो। ऐसा कदापि सम्भव नहीं है कि एक तरफ़ आप वर्ण व्यवस्था के घनघोर हितैषी हों और दूसरी तरफ़ अपने आप को उस पंक्ति में भी खड़ा करने की कोशिश करें जहाँ यह मत है कि सब बराबर हैं, परस्पर कोई भेदभाव नहीं है।

नाटक में जिस तरह की कहानी होती है निस्सन्देह उस तरह की बनी-बनायी कहानी मैंने नाटक के लिए चुनी भी नहीं है। मैंने नाटक के परम्परागत ढाँचे को कथ्य की दृष्टि से तोड़ने का प्रयास किया है। मैं स्पष्ट था, मुझे कोई कहानी

नहीं कहनी है। एक मुद्दे पर बहस करानी है, उस द्वन्द्व को सामने लाना है जो गाँधी और अम्बेडकर से शुरू हुआ था और आज भी जारी है।

कहने को यह मुल्क लोकतांत्रिक व धर्मनिरपेक्ष है जिसके पास अपना संविधान है और यह नागरिकों को संवैधानिक अधिकार भी प्रदान करता है लेकिन यथार्थ में जो सामाजिक व्यवस्था है, इसका वैचारिक दर्शन ब्राह्मणवाद है तथा जीवन पद्धति कर्मकाण्ड पर आधारित है। इसी ने वह ज़मीन तैयार की है जिस पर सामन्ती अवशेष टिका है। इसी सामन्तवाद की उपज है वर्ण व्यवस्था जिसे सींच रही है ब्राह्मणवादी विचारधारा। यह ऐसी व्यवस्था है जो एक व्यक्ति को जन्म से ही शासक बनाती है, दूसरे को शासित व शोषित। यदि भारतीय समाज को आधुनिक व लोकतांत्रिक बनाना है तो मनुष्य व मनुष्य के बीच की इस ग़ैरबराबरी को समाप्त करना ज़रूरी है। यह नाटक पारम्परिक कथाओं की अपेक्षा गाँधी और अम्बेडकर के बीच जाति, वर्ण, अस्पृश्यता व धर्म के विषय पर जो लम्बी बातचीत हुई थी या जिन मुद्दों को लेकर आपस में विवाद रहा, पर केन्द्रित है। भले आज गाँधी-अम्बेडकर नहीं हैं लेकिन उस वक़्त का विवाद आज तक नहीं सुलझा है। दो विचारधारा वाले लोग आज भी मौजूद हैं। चाहे वह क्षेत्र राजनीति का हो या संस्कृति का।

जो लोग वर्ण व्यवस्था के हितैषी हैं, वे कहीं न कहीं समतामूलक विचारधारा के भी विरोधी होते हैं। आज जहाँ जाति, वर्ण का खुला खेल हर तरफ़ चल रहा है, उन चेहरों को बेनक़ाब करने के दायित्व से नाटक अपने को विलग नहीं कर सकता। यह स्पष्ट है कि आज समाज जिस वर्ण व्यवस्था के धरातल पर टिका है, उसे नष्ट किए बिना न तो जातिवाद को ख़त्म किया जा सकता है, न अस्पृश्यता मिटाई जा सकती है बल्कि यह वर्ग संघर्ष की राह में सबसे बड़ा रोड़ा है। जो लोग यह सोचते हैं, वर्ण व्यवस्था भी चलती रहे और अस्पृश्यता भी कम होती रहे, भ्रम के सिवा कुछ नहीं है।

कुछ लोगों ने यह भी सवाल उठाया कि नाटक में नया क्या है? इसमें तो केवल इतिहास को नाटक के रूप में रख दिया गया है, नयी व्याख्या तो कुछ है ही नहीं। जवाब तो हर सवाल का किसी न किसी रूप में निकल सकता है। अगर नहीं भी निकल रहा हो तो ज़बरन निकाला जा सकता है। हमारी ऐसी कोई कोशिश नहीं है। लेकिन ऐसे सवाल किस मानसिकता से, किस पूर्वाग्रह से निकलते हैं, इसकी भी पड़ताल होनी चाहिए। नाटक में नया होना ज़रूरी नहीं है, ज़रूरी है उसकी नीयत क्या है? कितना हमने लोगों को छुआ है, झकझोरा है। इसमें कोई शक़ नहीं, नाटक को देखकर दर्शक बर्फ़ नहीं बने,

नाटक ख़त्म होने के बाद उठकर सीधे घर नहीं गये बल्कि घण्टे-आधे घण्टे पर विचार विमर्श बहस-मुबाहिसा किया। सन्तोष नहीं हुआ तो उसके बाद भी जारी रखा। ऐसा इसलिए होता था कि हमने यथास्थिति को बनाये रखने का काम नहीं किया। इतिहास के बहाने वर्ण के बर्रे में पत्थर मारा। गाँधी-अम्बेडकर तो माध्यम थे। आज भी वर्ण के सवाल पर बड़े-बड़े बुद्धिजीवी, प्रगतिशील, जनवादी लोगों को ऑफ द रिकार्ड को गोली मारिए, ऑन द रिकार्ड जिस तरह के बयान आने लगे हैं, वह आकस्मिक नहीं है, न उम्र के इस पड़ाव की अचेतन, मूर्च्छित अवस्था है। यह वर्षों से अन्दर रहा वो ब्राह्मणवाद है जो किसी विचार, पार्टी के दबाब से दबा हुआ था। ज़रा-सा दबाब कम हुआ कि भभक कर सबके सामने आ गया।

इस नाटक को देखकर कई लोग हतप्रभ थे कि क्या सचमुच गाँधी का वर्ण व्यवस्था के प्रति यही नज़रिया था। क्या वे वर्ण व्यवस्था को स्वीकारते थे, उसमें उनकी गहरी आस्था थी? मैंने इस नाटक में नयी व्याख्या स्थापित करने की कोई घोषणा नहीं की है लेकिन वह पक्ष ज़रूर लाने का प्रयास किया है जिससे लोग परहेज़ करते हैं, जानबूझ कर उन सवालों से मुठभेड़ करना नहीं चाहते हैं। वर्ण व्यवस्था में आस्था जताने वाले गाँधी ने जहाँ-जहाँ इसके पक्ष में तर्क दिये, मैंने यथावत रखने का प्रयास किया और उसके प्रतिपक्ष में अम्बेडकर जिस तरह खड़े हुए, उसे भी लाने में कोई संकोच नहीं किया। नाटक में जो बहस है, तर्क-वितर्क है, वे मेरे संवाद नहीं हैं, दोनों महापुरुषों के हैं। मैंने तो केवल नाटक का रूप दिया है। इसके लिए मैं उन सभी लेखकों का आभारी हूँ जिन्होंने गाँधी-अम्बेडकर विवाद को लेकर शोध ग्रन्थ, जीवनी, उपन्यास, नाटक का लेखन किया है और जिनका सन्दर्भ इस नाटक में कहीं न कहीं, किसी न किसी रूप में प्रकट हुआ है।

आज़ादी के इतने वर्षों के बाद भी वर्ण व्यवस्था, जात-पाँत, अस्पृश्यता ख़त्म नहीं हो पायी है। क्यों नहीं हो पायी जब कि गाँधी ने अम्बेडकर को कहा था 'अभी स्वराज्य के लिए संघर्ष करना प्रमुख है। आज़ादी मिल जाने के बाद वर्ण व्यवस्था को मिल-जुलकर ख़त्म कर देंगे।' कुछ ऐसी ही बातें संसदीय वामपन्थ से जुड़े लोग भी कहते हैं 'क्लास स्ट्रगल होने के बाद कास्ट स्ट्रगल अपने आप ख़त्म हो जायेगा।' आज़ादी को मिले कई साल हो गये, यह वर्ण व्यवस्था ख़त्म होने के बदले और मज़बूत हो गयी है। क्लास स्ट्रगल की रट लगाने वाले पार्लियामेंट्री स्ट्रगल में ऐसे उलझ गये कि उन्हें अपने अस्तित्व को बचाना भी भारी पड़ रहा है।

हर आदमी जो वर्ण व्यवस्था के प्रति मोह रखता है चाहे वह राजनीति हो या साहित्य, इसे टरकाये रखना चाहता है। मैंने इसे बहस के घेरे में लाकर रख दिया, शायद यही नया हो वर्ना नया के नाम पर आज क्या-क्या हो रहा है किसी से छिपा नहीं है।

कुछ लोगों ने यह भी कहा है कि इस नाटक में गाँधी अम्बेडकर की तुलना में कमज़ोर क्यों है?

किसी को कमज़ोर और किसी को मज़बूत करना इस नाटक की मंशा नहीं है। सवाल है आपकी पक्षधरता किस तरफ़ है? गाँधी और अम्बेडकर सिर्फ़ दो व्यक्ति नहीं, दो स्कूल हैं। दो वैचारिक केन्द्र हैं, दो संस्थाएँ हैं। दोनों आधुनिक भारत के सर्वाधिक विवादास्पद चरित्रों में हैं। चूँकि दोनों लीक से हटकर चले, इसलिए उन पर उनके समय से लेकर आज तक सवाल उठाए जा रहे हैं। दोनों की मंजिल एक-दूसरे से जितनी मिलती थी, रास्ते उतने ही जुदा थे। दोनों के सन्दर्भ में सर्वाधिक दुखद यह है कि दोनों के अनुयायियों ने दो ऐसे विशाल खेमे बना लिए हैं, जो आपस में संवाद की कोई ज़रूरत नहीं समझते। अम्बेडकरवादियों के लिए गाँधी दलित विरोधी हैं तो गाँधीवादियों के लिए अम्बेडकर देशद्रोही। गाँधीवादियों से अम्बेडकर को पढ़ने की क्या अपेक्षा की जाए, वे गाँधी को भी नहीं पढ़ना चाहते। कुछ ऐसी ही स्थितियाँ अम्बेडकरवादियों की है। इसका परिणाम यह हुआ कि अम्बेडकर और गाँधी के मूल्य और उनका संघर्ष कहीं पीछे छूट गया है।

नाटक का उद्देश्य केवल दो नायकों को मंच पर लाना नहीं था। न उनकी कोई जीवन गाथा दिखाना। यह नाटक दो विभिन्न प्रकार की विचारधाराएँ सामने लाता है। गाँधी हृदय परिवर्तन में विश्वास करते हैं। उनका मानना था कि मनुष्य के अन्तर्मन में होने वाला बोध और परिवर्तन ही सुधार का वास्तविक माध्यम है। सवर्णों के मन में छोटी जातियों व दलितों के प्रति अस्पृश्यता के जो भाव हैं, हृदय परिवर्तन के द्वारा ही इसमें सुधार सम्भव है। वे दलितों को हिन्दू समाज का अंग मानते हैं इसलिए गोलमेज कॉन्फ्रेंस में अम्बेडकर की पुरजोर मुख़ालिफ़त करते हैं। वे हिन्दू धर्म के विभाजन के पक्ष में नहीं हैं इसलिए वे पूरी ताक़त से कहते हैं कि इस बात का विरोध करने वाला यदि में मात्र अकेला रह जाऊँगा तो भी अपने प्राणों की बाज़ी लगाकर इसका विरोध करूँगा। उनका सोचना था कि हिन्दू समाज आज इसी कारण जीवित रह सका है क्योंकि वह वर्ण व्यवस्था पर आधारित है। जबकि अम्बेडकर का मानना था कि यह व्यवस्था हिन्दू धर्म की सबसे बडी कमज़ोरी है। जब तक वर्ण व्यवस्था समाप्त नहीं होती, जात-पाँत

का रोग ख़त्म नहीं होगा। समाज में व्याप्त असमानता, ऊँच-नीच का भेदभाव नहीं मिट सकता। उनका कहना था, सामन्तवाद को ख़त्म कर के ही वर्णाश्रम व्यवस्था को समाप्त किया जा सकता है और अपने विकास में इसलिए अम्बेडकर हिन्दू धर्म से बाहर चले जाते हैं।

नाटक में कुछ लोगों को गाँधी कमज़ोर लगते हैं क्योंकि उनके अन्दर गाँधी की जो पारम्परिक छवि बैठी हुई है, वह कुछ दूसरी है। यहाँ गाँधी की जो तस्वीर देखने को मिलती है उससे बहुत सारे लोग अभी भी अपरिचित हैं। कम्यूनल अवार्ड, पूना पैक्ट, वर्ण व्यवस्था व जाति व्यवस्था को लेकर गाँधी जी की जो सोच है, गाँधी के प्रति अन्धभक्ति रखने वालों को झटका दे सकती है लेकिन यह सत्य है गाँधी के जीवन में कई अन्तर्विरोध रहे हैं। उन्होंने अन्तर्जातीय विवाह व सहभोज का साफ़ विरोध किया है। वर्ण व्यवस्था के वे प्रबल समर्थक रहे हैं। बल्कि वे यहाँ तक कहते हैं कि जो व्यक्ति जिस वर्ण में पैदा हुआ है, उसे वही कार्य अपनाना चाहिए। व्यक्ति का वर्ण उसके जन्म से ही गिना जाएगा बल्कि वर्ण के मुताबिक़ ना जीकर वह अपना ही नुक़सान करता है। वह गिरी हुई हालत में पहुचँता है, पतित होता है। निस्सन्देह इतिहास के इस पहलू से जो परिचित नहीं होंगे, उन्हें गाँधी अम्बेडकर की तुलना में कमज़ोर नज़र आएगा। या जिनकी वर्ण व्यवस्था पर आस्था नहीं है, उन्हें गाँधी का यह रूप ज़रा हल्का लगेगा अगर गाँधी उनके लिए परम पुरुष हों, आदर्श हों।

बहरहाल तमाम मतभेदों के बावजूद अम्बेडकर और गाँधी एक-दूसरे से घृणा नहीं करते थे। गाँधी की हत्या से अम्बेडकर आहत होते है, वहीं दूसरी तरफ़ गाँधी की इच्छा है कि अगर मेरा दोबारा जन्म हो तो महाशूद्र के रूप में हो। दोनों के मन में एक-दूसरे को अपनी बात न समझा पाने की कसक है।

जो बहस अधूरी रह गयी थी वह आज भी जारी है। गाँधी और अम्बेडकर के बीच में जो संवाद हुए थे, वे समाप्त नहीं हुए हैं। उस संवाद को जारी रखना ही मेरे नाटक का उद्देश्य है। शायद कभी, किसी वक़्त, इतिहास के किसी मोड़ पर इसका हल निकल सके।

–राजेश कुमार

*यह नाटक पहली बार **अस्मिता,** नयी दिल्ली ने **19 जुलाई, 2009** को 7.00 बजे **श्रीराम सेंटर सभागार** में प्रस्तुत किया।*

मंच पर

गाँधी	:	वीरेन बसाया
अम्बेडकर	:	बजरंग बली सिंह
रमा बाई	:	शिल्पी मारवाह
देवदास गाँधी	:	पंकज राज यादव
सहयोगी 1	:	मलय गर्ग
सहयोगी 2	:	राज शर्मा
सहयोगी 3	:	सौरभ पाल
महिला कांग्रेस नेता	:	शीना चौहान
कांग्रेस नेता 1	:	राहुल दत्ता
कांग्रेस नेता 2	:	दिनेश धवन
कांग्रेस नेता 3	:	तैशुल गौड़
कांग्रेस नेता 4	:	रचिता जुनेजा
कोरस	:	अरुण राणा, आशीष विष्ट, अंचित बंधु, प्रवेश धवन, प्रिया द्विवेदी, शशांक शर्मा, इरफान खान, हिमांशु मग्गो, आलोक कुमार, मोहम्मद वसीम, त्रिमाला अधिकारी, शालिनी राय, फ़िरोज़

चौधरी, अरविन्द केसरी, तोशम आचार्या, शिव, अरिजित मल्लिक, दीपक बत्रा, आकाश दबास, अशोक यादव, चैतन्य वशिष्ठ, विशाल, सगु शर्मा, कुशल सारस्वत, निष्ठा, निशा, आशीष शर्मा, केतन कालरा, पुनीत ग्रोवर, कुमार वैभव, जावेद मल्लिक, नरेन्द्र ठाकुर, अमरचन्द।

मंच परे

संगीत : डॉ. संगीता गौड़
वाद : सैंडी, मोहित शर्मा
प्रोडक्शन : वीरेन बसाया
आलेख : राजेश कुमार
परिकल्पना व निर्देशन : अरविन्द गौड़
अवधि : 1 घण्टा 30 मिनट

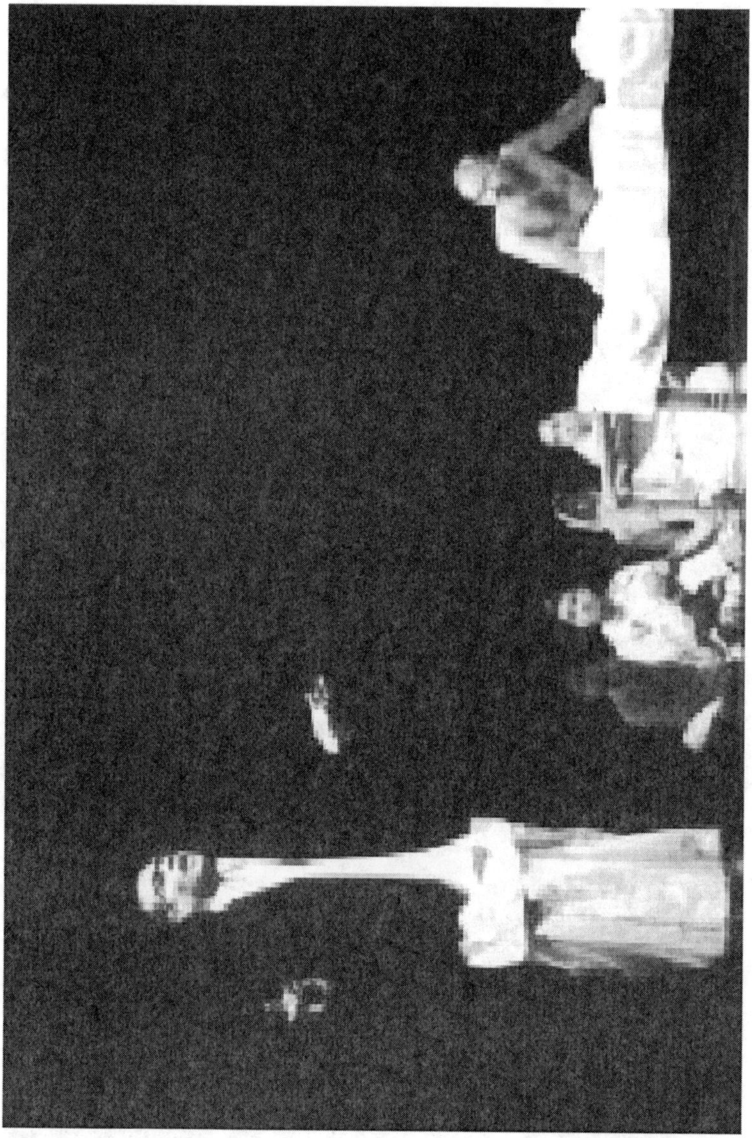

पात्र

गाँधी

अम्बेडकर

कोरस *(दस पुरुष और दो महिला अभिनेताओं का समूह जो वस्त्र बदल-बदल कर, हल्के मेकअप का सहारा लेकर, व्यवहार में आवश्यक प्रॉपर्टी का इस्तेमाल कर विभिन्न पात्रों का अभिनय करते हैं।)*

[पार्श्व का काला परदा पूरा बन्द नहीं है, बीच का कुछ भाग खुला है जिसके पीछे से साइक्लोरामा का सफ़ेद रंग दिखाई दे रहा है। काले परदे के आगे एक चौड़ा प्लेटफॉर्म है। प्लेटफॉर्म के मध्य में एक टेबल है, बीच में बाँह वाली एक कुर्सी।

साइक्लोरामा का नीला प्रकाश प्रज्वलित होने लगता है। अन्य हिस्सा अभी अँधेरे में। कुर्सी पर अम्बेडकर बैठे हैं। सामने से चेहरे पर पड़ने वाला सफ़ेद स्पॉट पार्श्व में बज रही तालियों के साथ क्रमशः तेज़ होने लगता है।

अम्बेडकर धीरे-धीरे खड़े होते हैं। पैंट-शर्ट-कोट में हैं। आँखों पर काले फ्रेम का चश्मा है। प्रथम गोलमेज कॉन्फ्रेंस में प्रतिनिधियों से भरे खचाखच हॉल में सम्बोधन कर रहे हैं।]

अम्बेडकर : ***(धीरे-धीरे परन्तु प्रभावशाली ढंग से)*** मैं जिन लोगों के प्रतिनिधि के रूप में यहाँ पर उपस्थित हूँ, वे भारत की कुल जनसंख्या का पाँचवाँ भाग हैं अर्थात् इंगलैण्ड और फ्रांस की जनसंख्या के बराबर।

परन्तु इन लोगों की दशा दासों से भी गयी-बीती है। दासों के मालिक उन्हें छू तो लेते थे, परन्तु हमें तो छूना भी पाप समझा जाता है। ***(आवाज़ थोड़ी सघन होने लगती है)*** ब्रिटिश शासन से पहले हमारी स्थिति छुआछूत

की वजह से दयनीय थी। ब्रिटिश शासन ने क्या उसके लिए कोई क़दम उठाया? ब्रिटिश शासन से पहले हम कुएँ से पानी नहीं भर सकते थे। क्या ब्रिटिश शासन ने हमें यह अधिकार मुहैया करवाए? ब्रिटिश शासन के पहले हम मन्दिरों में नहीं जा सकते थे। क्या आज जा सकते हैं? ब्रिटिश शासन से पहले हमें पुलिस सेवा में नहीं लिया जाता था। क्या ब्रिटिश सरकार पुलिस सेवा में अब हमें लेती है? इन सारे सवालों का जवाब हाँ में नहीं दिया जा सकता। हालाँकि ब्रिटिश शासन एक सौ पचास वर्ष पूरे कर चुका है फिर भी हमारे दुख-दर्द दूर नहीं हुए हैं। वे जैसे थे, वैसे ही हैं। उन्हें दूर नहीं किया गया। ऐसी सरकार किस काम की?

[कॉन्फ्रेंस में बेचैनी पैदा हो जाती है। अम्बेडकर का चेहरा तमतमाने लगता है। ललाट पर चमक दौड़ने लगती है। सहज प्रवाह में प्रश्न पर प्रश्न किए जा रहे हैं।]

यह सरकार इस बात को बख़ूबी जानती है कि पूँजीपति मज़दूरों को पूरी उजरत नहीं देते हैं। सरकार यह भी जानती है कि ज़मींदार किसानों का शोषण कर रहे हैं। सरकार यह भी जानती है कि अछूत शताब्दियों से सामाजिक कुरीतियों की चक्की में पिस रहे हैं। परन्तु सरकार ने इस ओर बिल्कुल ध्यान नहीं दिया। क्या इसकी वजह यह है कि सरकार के पास कोई कानूनी अधिकार नहीं? वास्तव में यह बात नहीं है। बात दरअसल यह है कि सामाजिक, आर्थिक बदलाव में सरकार इसलिए दखल नहीं देना चाहती क्योंकि उसे डर है कि उसका हस्तक्षेप कहीं उसके सामने प्रतिरोध खड़ा न कर दे।

[सभा में सन्नाटा। अम्बेडकर की आँखों में बिजली कौंधती है।]

इसलिए हमें ऐसी सरकार चाहिए जिसमें शक्ति ऐसे लोगों के हाथ में हो जो देश के सर्वोत्तम हितों के

प्रति बिना झिझक समर्पित हो सकें। हमें ऐसी सरकार चाहिए जिसमें शक्ति की बागडोर ऐसे लोगों के हाथ में हो जो यह जानते हुए कि लोग कहाँ तक आज्ञा का अनुसरण करेंगे और कहाँ प्रतिरोध खड़ा करेंगे, समय की पुकार और न्याय की माँग के अनुरूप सामाजिक और आर्थिक ढाँचे में परिवर्तन करने में तनिक भी नहीं घबराएँ।

[सन्नाटा चटकता है। आँखें विस्फारित होती हैं। अम्बेडकर की आवाज़ क्रमशः तल्ख़ और तेज़ होती जाती है।]

भारतीय समाज जाति-पाँति की एक सीढ़ी के समान है। डंडे के सबसे ऊपरी सिरे पर है ब्राह्मण, बीच में क्षत्रिय, उसके बाद वैश्य और सबसे नीचे शूद्र। इनका आदर और अनादर इसी क्रम में श्रेणी के अनुसार होता है। भारतीय समाज श्रेणीबद्ध जातियों का ऐसा समूह है जो समता और भ्रातृत्व को उपजने ही नहीं देता। ***(धीरे-धीरे एक निर्णय की मुद्रा धारण करते हुए)*** हम इस नतीजे पर पहुँचे हैं कि कोई दूसरा हमारी भावनाओं पर लेप नहीं लगा सकता। जब तक हमारे पास राजनीतिक शक्ति नहीं आ जाती तब तक हमारी यातनाओं का अन्त भी नहीं। अत्यन्त अफ़सोस है कि लम्बे समय तक दलित वर्ग प्रतीक्षारत रहा परन्तु कोई करिश्मा सामने नहीं आ सका।

[टाई की नॉट तनिक ठीक करते हैं। चश्मे को उतार लेते हैं। एक हाथ में चश्मे की कमानी थामकर]

आज इस बात को गम्भीरता से नहीं लिया जा रहा है, परन्तु हक़ीक़त यह है कि देश की वर्तमान स्थिति में ऐसा कोई संविधान स्वीकार नहीं होगा जिसे बहुसंख्य लोगों का समर्थन प्राप्त न हो। वह वक़्त अब नहीं रहा जब निर्णय आप लोग लेते थे और स्वीकार भारत कर लेता था। भविष्य में ऐसा समय अब नहीं आयेगा। यदि आप चाहते हैं कि नया संविधान कारगर

प्रमाणित हो तो उसका एकमात्र आधार लोगों की सम्मति होनी चाहिए।

[कुछ क्षण सन्नाटा छाया रहता है फिर कुछ तालियों की आवाज़। उसके बाद कुछ और। फिर पूरा हॉल तालियों की गड़ड़ाहट से गूँजने लगता है।
प्रकाश कम होने लगता है। अम्बेडकर का चेहरा धुँधलाता हुआ अँधेरे में गुम होने लगता है...
मंच पर अँधेरा।
मंच सज्जा इस प्रकार है कि बायाँ भाग अम्बेडकर का स्टडी रूम है, दायाँ गाँधी का निवास। दोनों के मध्य में काठ के दो काले ब्लॉक रखे हुए हैं। अम्बेडकर के स्टडी रूम में एक मेज़-कुर्सी रखी हुई है। मेज़ पर ढेर सारी किताबें, लिखने-पढ़ने के लिए कलम-काग़ज़ इत्यादि। पार्श्व में एक तख्त है जिस पर बिछावन बिछा है।
गाँधी के आवास स्थल में ज़मीन पर एक सफ़ेद गद्देवाला बिछावन बिछा है। मसनद के बगल में कुछ किताबें हैं। बिल्कुल दायें कोने में एक चरखा रखा हुआ है। पार्श्व में एक खाट है जिसके अगल-बगल दो-तीन मोढ़े रखे हुए हैं।
अम्बेडकर के कमरे में प्रकाश आता है तो रमाबाई सफ़ाई करते हुए दिखती हैं। वह कमरे में बिखरे सामानों को व्यवस्थित कर रही हैं। मेज पर इधर-उधर बिखरी किताबों को सहेज कर रखती हैं। काम करने के दौरान लगातार गुनगुनाये भी जा रही हैं।
अम्बेडकर अन्दर से नहा कर आते हैं। मेज़ पर से कंघी उठाकर बालों को सँवारने लगते हैं। अम्बेडकर को देखकर रमाबाई गुनगुनाना बन्द कर देती हैं।]

अम्बेडकर : रुक क्यों गयीं, गाओ-गाओ।

रमाबाई : मुझे गाना कहाँ आता है?

अम्बेडकर : क्या गुनगुना रही थीं, कबीर का दोहा या...

रमाबाई : आज कोर्ट जाने का इरादा नहीं है क्या?

अम्बेडकर : सुनाओ न अपने कबीर को...

रमाबाई : ***(थोड़ा शर्माते हुए)*** आप मज़ाक़ उड़ायेंगे।

अम्बेडकर : मुझे अच्छा लगेगा।

रमाबाई : ***(स्वर में)*** तुम कत बामन, हम कत सूद...हम कत लोहू तुम कत दूध...

अम्बेडकर : गरभवास नाहिं, कुल नहिं जाति...ब्रह्म बिन्दु से प्रभु उपजाति।

दोनों : कह रे पंडित बामन कब के होय, बामन कह-कह जन्म मत खोय...

रमाबाई : भारी कहुं तो बहू डराऊँ...हलका कहे तो झूठ...मैं का जानूँ राम को...नैनूँ कबहूँ न दीठ...

[अम्बेडकर के सहयोगी अन्दर दाखिल होते हैं।]

सहयोगी 1 : आज जो हम कह रहे हैं, कबीर ने कितना पहले कह दिया था।

सहयोगी 2 : फिर भी लोग पत्थर बने हुए हैं।

रमाबाई : बदलने में समय लगेगा।

सहयोगी 3 : श्वान की पूँछ कभी सीधी हुई है?

रमाबाई : ये आदमी हैं।

सहयोगी 4 : लेकिन जानवर हो गये हैं।

सहयोगी 2 : कॉन्फ्रेंस को हुए सात महीने हो गये लेकिन कांग्रेस के मन का ज़हर अभी उतरा नहीं है।

सहयोगी 3 : मैं पूछता हूँ, डॉ. साहब कॉन्फ्रेंस में गये तो क्या ग़लत कर दिया?

सहयोगी 1 : कांग्रेस ने बहिष्कार किया तो क्या ज़रूरी है कि दूसरे भी बहिष्कार करें।

सहयोगी 4 : इतने लोग गये थे किसी के बारे में कुछ नहीं कहा। डॉक्टर साहब के पीछे हाथ धो कर पड़ गये।

सहयोगी 3 : कोई देशद्रोही कह रहा है तो कोई हिन्दू समाज का विध्वंसक।

सहयोगी 4 : यहाँ तो ये हाल है कि कांग्रेस जो कहे वह नीति है, जो करे वह रीति है।

[रमाबाई मेज़ पर पड़े थाली और गिलास को उठाकर जाने लगती हैं।]

अम्बेडकर : कहाँ जा रही हो?

रमाबाई : रसोई में जूठे बर्तन पड़े हुए हैं।

अम्बेडकर : बाद में साफ़ करना, अभी यहीं बैठो।

रमाबाई : मैं बैठकर क्या करूँगी?

अम्बेडकर : सुनना।

रमाबाई : क्या?

अम्बेडकर : हमारी बातें।

रमाबाई : आप लोगों की बातें मेरी समझ में नहीं आतीं।

अम्बेडकर : आ जायेंगी धीरे-धीरे ...

[रमाबाई तख़्त पर बैठ जाती हैं।]

सहयोगी 2 : नासिक ज़िला कांग्रेस के अध्यक्ष ने कालाराम मन्दिर प्रवेश के मुद्दे पर खुलेआम सनातनियों का पक्ष लिया।

सहयोगी 3 : कराची अधिवेशन में तो प्रस्ताव ही रख दिया कि राष्ट्रीय सभा में धार्मिक मुद्दों पर तटस्थ रहेगी।

सहयोगी 4 : मन्दिर प्रवेश क्या महज़ धार्मिक प्रस्ताव है?

सहयोगी 1 : सब एक ही थाली के चट्टे-बट्टे हैं।

सहयोगी 4 : कांग्रेस अलग नहीं है, अन्दर से वो भी वही हैं।

सहयोगी 3 : जात छोड़ना आसान नहीं है।

सहयोगी 1 : गाँधी जी कह रहे हैं, स्वतन्त्रता प्राप्ति के बाद हम मन्दिर प्रवेश आन्दोलन हाथ में लेंगे।

अम्बेडकर : एक बार सरकारी वकील ने किसी मुकद्दमे के सिलसिले में मुझसे पूछा था कि अभियुक्त को आप नाक पर दिखाई देने वाले धब्बे से पहचानते हैं या चेहरे से? मैंने कहा, 'अभियुक्त की नाक उसके चेहरे पर नहीं है?'

[सब हँसने लगते हैं, अम्बेडकर भी। हँसते-हँसते खाँसी आ जाती है। रमाबाई उठकर पास आती हैं।]

रमाबाई : आपकी तबीयत अभी ठीक नहीं हुई है।

अम्बेडकर : बुख़ार तो उतर गया है।

रमाबाई : कुछ दिन और आराम करना चाहिए।

अम्बेडकर : फिर काम कौन करेगा?

रमाबाई : पता नहीं इस कमज़ोरी में भी कौन सी चीज़ आपको ताक़त देती है?

अम्बेडकर : ***(थोड़ी खाँसी आती है तो कुर्सी पर बैठ जाते हैं)*** अपमान की ज्वाला।

सहयोगी 2 : उसकी धधक सरकार तक पहुँचने लगी है।

सहयोगी 3 : उन्हें लगने लगा है कि जल्दी कुछ न किया गया तो दलित विद्रोह कर देगा।

सहयोगी 1 : पुलिस में दलित वर्गों की भर्ती शुरू हो गयी है।

सहयोगी 3 : यह कॉन्फ्रेंस में डॉक्टर साहब के उठाये गये सवालों के ही परिणाम हैं।

अम्बेडकर : ***(थोड़े निराश भाव से)*** लेकिन दुख है कि लोग मुझे समझ नहीं पा रहे हैं। अभी भी मेरे बारे में कटु प्रचार-प्रसार जारी है। समझ में नहीं आता कि आख़िर मैंने वहाँ ऐसा क्या कह क्या दिया जिससे हिन्दू और भारतीयों को शर्म महसूस हो रही है।

सहयोगी 1 : आपको कोई कुछ कहता है तो यह उसका कुंठित मन है।

सहयोगी 2 : कोई अगर यह कहता है कि आपको बहुसंख्यक जनता का समर्थन नहीं है तो आकर देखे कि जनता किसके साथ है।

सहयोगी 3 : डॉक्टर साब, आज जो आपका विरोध कर रहे हैं, कल समर्थन करेंगे।

सहयोगी 2 : कुलाबा समाचार जो कल तक आपके ख़िलाफ़ लिखता रहता था, अब प्रशंसा करने लगा है। आपके सामाजिक सुधार के बारे में आज एक लम्बा लेख छापा है।

सहयोगी 4 : दुआ करो कि कांग्रेसियों का भी हृदय परिवर्तन हो जाए।

सहयोगी 1 : हृदय है उनके पास! ***(सब हँसने लगते हैं।)***

सहयोगी 4 : आज तो आपको गाँधी जी से मिलने जाना है।

सहयोगी 3 : वे तो खुद आपसे मिलने आने वाले थे।

अम्बेडकर : सांगली से जब उस दिन हम लौटे थे तब गाँधी जी ने

पत्र लिखकर पूछा था कि यदि आपके पास समय हो तो आज रात आठ बजे मिलने को इच्छुक हूँ। यदि आपको मिलने में असुविधा हो रही हो वे मेरे घर खुद आ जायेंगे।

सहयोगी 2 : आये थे?

अम्बेडकर : आते तो लोग हमें ही अहंकारी कहते। मैंने कहलवा दिया कि हम ही रात आठ बजे मिलने के लिए आ जायेंगे।

रमाबाई : ***(सहयोगियों से)*** उस दिन इनको 106 डिग्री बुख़ार था।

अम्बेडकर : इसलिए ख़बर भिजवा दी कि बुख़ार ख़त्म होने पर मिलूँगा।

रमाबाई : गाँधी जी आपसे क्यों मिलना चाहते हैं?

सहयोगी 1 : दूसरे गोलमेज़ कॉन्फ्रेंस में डॉक्टर साहब का नाम फेड्रल स्ट्रक्चर कमेटी में पहले नम्बर पर है।

सहयोगी 4 : इस बार गाँधी जी जा रहे हैं या नहीं?

सहयोगी 1 : अभी खुलासा नहीं किया है।

सहयोगी 4 : फिर मिलने पर इतना ज़ोर क्यों दे रहे हैं?

सहयोगी 2 : अस्पृश्यता की लड़ाई में हमारे साथ तो नहीं आ रहे?

सहयोगी 3 : अस्पृश्यता के विरोध में गाँधी जी कभी नहीं रहे। इस वक़्त कांग्रेस में खलबली मची हुई है कि कहीं अछूतों की नेतागिरी हाथ से न निकल जाए।

सहयोगी 1 : इसलिए डॉक्टर साहब की ओर मित्रता का हाथ बढ़ाना चाहती है।

अम्बेडकर : एक तरफ़ हाथ बढ़ाती है और दूसरी तरफ़ जब अहमदाबाद में दलित छात्रावास देखने गया तो काले झंडे दिखाती है। मुर्दाबाद के नारे लगाती है। न गाँधी जी ने कांग्रेसियों को रोका, न उनकी भर्त्सना की।

सहयोगी 1 : यही तो महीन राजनीति है।

सहयोगी 4 : इस बार कांग्रेस गोलमेज कॉन्फ्रेंस में भाग लेने का मन बना चुकी है। वह चाहती है, डॉक्टर साहब को तोड़ लिया जाए।

सहयोगी 3 : और वह काम गाँधी जी करेंगे।

रमाबाई : गाँधी जी के बारे में इस तरह नहीं सोचना चाहिए।

सहयोगी 3 : भाभी जी, कांग्रेस गाँधी जी से चलती है।

सहयोगी 2 : और गाँधी जी को यह पता लग चुका है कि डॉक्टर साहब उन पर भारी पड़ रहे हैं।

सहयोगी 4 : इसलिए हमसे मित्रता चाहते हैं।

सहयोगी 1 : हमें सावधान रहना चाहिए।

सहयोगी 2 : आपको ऐतराज़ न हो तो हम भी...

अम्बेडकर : ज़रूर-ज़रूर, आप सब भी साथ चलें। यह अच्छा रहेगा।

रमाबाई : कल कितने बजे जाना है।

अम्बेडकर : दोपहर दो बजे का समय दिया है।

रमाबाई : कहाँ?

अम्बेडकर : मणि भवन।

[पार्श्व में प्लेटफॉर्म पर बहुत सारे लोग महाड़ के चावदार तालाब की सीढ़ियाँ उतरकर, झुककर अँजुली भरकर पानी पीने का अभिनय करते हैं। समवेत स्वर में कबीर बानी गा रहे हैं।]

(कवित्त)

गगन घटा घहरानी साधो, गगन घटा घहरानी।
पूरब दिस से उठी है बदरिया, रिमझिम बरसत पानी।
आपन आपन मेंड़ सम्हारो, बह्यो जात यह पानी।
सुरत-निरत का बेल नहायन, करै खेत निर्वानी।
धान काट मार घर आवे, सोई कुसल किसानी।
दोनों थार बराबर परसैं, जेवैं मुनि और ज्ञानी।...

[धीरे-धीरे अँधेरा...

उसी क्रम में प्रकाश का प्रारम्भ...

गाँधी बिछावन पर बैठे हैं। 62 वर्ष के गाँधी के शरीर पर सिर्फ़ धोती और एक गमछा है। ऐनक और जेब घड़ी पास में ही रखी हुई है। वे एक महिला के साथ गपशप करने में मशगूल हैं।

अम्बेडकर अपने सहयोगियों के साथ प्रवेश करते हैं। अम्बेडकर की उम्र 40 साल की है। वे स्लेटी रंग के सूट में हैं। पट्टेदार टाई भी। उनके हाथ

में वही फैल्ट हैट है जो गोलमेज कॉन्फ्रेंस में रवाना होते समय लगाये हुए थे।

गाँधी महिला से बात करने के कारण अम्बेडकर और उनके सहयोगियों पर ध्यान नहीं देते हैं। महिला किसी बात पर ज़ोर से हँस पड़ती है। गाँधी भी मुस्कराने लगते हैं।

अन्दर से एक कार्यकर्ता निकलकर आता है। अम्बेडकर पर नज़र पड़ती है। वे एक किनारे खड़े हैं। कार्यकर्ता गाँधी के पास जाकर फुसफुसाता है।]

कार्यकर्ता : डॉक्टर अम्बेडकर आये हैं।

गाँधी : *(बैठने का रुख बदलकर)* कहाँ हैं?

अम्बेडकर : *(गाँधी की तरफ़ बढ़ते हुए)* आपने ख़बर भिजवाई थी कि हमसे मिलना चाहते हैं।

गाँधी : *(इत्मीनान से बैठते हुए)* क्षमा कीजिएगा डॉ. अम्बेडकर, मैं आपको पहचान न सका। आप खड़े क्यों हैं, बैठिए न। *(अम्बेडकर बैठ जाते हैं)* अब आपकी कैसी तबीयत है?

अम्बेडकर : बुख़ार तो नहीं है, लेकिन कमज़ोरी आ गयी है।

गाँधी : ऐसा लगता है, राउण्ड टेबल कॉन्फ्रेंस में अब आपको ही मेरा प्रतिनिधित्व करना होगा।

अम्बेडकर : अपना बोझ तो सँभाला नहीं जाता, आपका बोझ कैसे सँभालूँगा?

गाँधी : *(थोड़ा हँसते हुए)* मेरा जाना तो अनिश्चित ही लग रहा है। अब आप ही अपने विचार बताएँ।

अम्बेडकर : मैं तो आपको सुनने के लिए आया हूँ। आप कुछ कहने वाले हैं।

गाँधी : *(कुछ सोचने लगते हैं।)*

अम्बेडकर : आप ही पहले कहें या फिर आपको लगे तो मुझसे कुछ सवाल करें। उनका मैं यथोचित जवाब दूँगा।

गाँधी : *(लम्बे विराम के बाद)* सुना है कि आपको मुझसे और कांग्रेस से कुछ शिकायत है।

अम्बेडकर : अस्पृश्यता के सवाल को लेकर है।

गाँधी : जब आप पैदा भी नहीं हुए थे तब से बल्कि अपने स्कूल के दिनों से मैं अस्पृश्यता की समस्या पर विचार करता रहा हूँ।

अम्बेडकर : आप मुझसे उम्र में बड़े हैं, यह सच मैं कैसे झुठला सकता हूँ। वैसे भी बड़े और बूढ़े लोग बड़प्पन का एहसास जताते ही रहते हैं।

गाँधी : यह धारणा मेरे मन में पैदा हुई तब मैं मुश्किल से बारह साल का था। उका नाम का एक भंगी हमारे घर की टट्टियाँ साफ़ किया करता था। मैं अपनी माँ से प्रायः पूछा करता था कि उसे छूना क्यों बुरा है, उसे छूने से मुझे क्यों रोका जाता है? यदि संयोग से उसे छू जाता तो मुझे नहाने के लिए कहा जाता था। मैं उनका कहना मान तो लेता था फिर भी मुस्कुराते हुए आपत्ति ज़रूर करता। अपनी माँ से कहता कि उनका यह ख़्याल कि उका से छू जाना पाप है, बिल्कुल ग़लत है। ***(थोड़ा विराम कर)*** मैं अस्पृश्यता को हिन्दू धर्म का सबसे बड़ा कलंक मानता हूँ।

अम्बेडकर : अब यह कलंक हमारे शरीर पर है।

गाँधी : आपका शरीर हमसे अलग नहीं है।

अम्बेडकर : जब तक हम यह मानते रहे कि अस्पृश्यता हिन्दू धर्म का कलंक है तब तक उसे दूर करने का काम हमने हिन्दुओं पर छोड़ रखा था। जब हमें पता लगा कि यह हमारे कलंक हैं तब इसे धोने का काम हमने स्वयं करने का फ़ैसला कर लिया है।

गाँधी : आपको मालूम है मैंने कितने प्रयत्नों से कांग्रेस के कार्यक्रम में अस्पृश्यता का सवाल जुड़वाया है?

अम्बेडकर : मालूम है।

गाँधी : आपको यह नहीं मालूम होगा कि उस समय मेरा कितना विरोध हुआ।

अम्बेडकर : कांग्रेस के चरित्र से मैं भली-भाँति परिचित हूँ।

गाँधी : वे विरोध कर रहे थे कि यह धार्मिक और सामाजिक

कार्यक्रम है, इसे राजनीतिक कार्यक्रम के साथ ना जोड़ा जाए।

अम्बेडकर : व्यवहार में तो जोड़ते ही रहते हैं।

गाँधी : ***(अम्बेडकर के चेहरे पर होने वाली प्रतिक्रिया का जायज़ा लेकर)*** अस्पृश्यों को उठाने के लिए कांग्रेस अब तक बीस लाख रुपये खर्च कर चुकी है।

अम्बेडकर : आप कह रहे हैं तो मान लेता हूँ।

गाँधी : इतना कुछ जानते हुए भी मेरे या कांग्रेस के ख़िलाफ़ आपकी शिकायत क्यों है, यह मुझे मालूम नहीं।

अम्बेडकर : कांग्रेस के सारे प्रयत्न ठीक उसी तरह हैं जैसे पर्व-त्योहार में नये कपड़े सिलाये जाते हैं। आपको मेरी बातों से आश्चर्य हो रहा होगा, मुझे नहीं हो रहा है। मुझे पता है आपके ज़ोर देने पर ही कांग्रेस ने इन समस्याओं को अपने कार्यक्रमों से जोड़ा है। लेकिन औपचारिक मान्यता देने के अलावा कांग्रेस ने कुछ नहीं किया है।

गाँधी : ये कैसे कह सकते हैं कि कांग्रेस ने कुछ नहीं किया?

अम्बेडकर : आप कहते हैं कांग्रेस ने बीस लाख रुपये अस्पृश्यों के लिए खर्च किए...

गाँधी : हाँ, किए हैं ।

अम्बेडकर : मैं साफ़-साफ़ बताता हूँ कि आपके ये सारे रुपये पानी में गये। इतनी बड़ी रकम अगर मुझ जैसे व्यक्ति के हाथ में होती तो मैं आश्चर्यजनक बदलाव ला देता।

गाँधी : आश्चर्य है, कांग्रेस के प्रति कृतज्ञता प्रकट करने के बदले आप कटु आलोचना कर रहे हैं?

अम्बेडकर : ***(शान्त स्वर में)*** कांग्रेस कथनी के बारे में ईमानदार नहीं हैं। अन्यथा कांग्रेस की मेम्बरी के लिए जैसे खादी पहनने की अनिवार्य शर्त रखी है, वैसे ही छुआछूत दूर करने की शर्त भी रख सकती थी। लेकिन कांग्रेसी न तो दलितों को अपने यहाँ नौकरी देते हैं, न दलित छात्रों की सहायता करते हैं। आप कहते हैं, अंग्रेजी सरकार का हृदय परिर्वतन नहीं हुआ, मैं कहता हूँ कि हमारी

समस्या के प्रति सवर्ण हिन्दुओं का भी हृदय परिवर्तन कहाँ हुआ है?

गाँधी : *(अचानक मुँह से निकल पड़ता है)* तो!

अम्बेडकर : जब तक वे अपनी बात पर अड़े रहेंगे तब तक हम न कांग्रेस पर विश्वास करेंगे, न हिन्दुओं पर।

गाँधी : फिर किस पर करेंगे?

अम्बेडकर : हम अपनी मदद आप करने और आत्मसम्मान में विश्वास रखते हैं। हम महान नेताओं और महात्माओं में विश्वास करने के लिए तैयार नहीं हैं। आज तक का इतिहास इस बात का साक्षी है कि महात्मा गण चक्रवात की तरह होते हैं। वे धूल के गुबार तो बहुत उठाते हैं परन्तु लोगों का स्तर ज़रा भी नहीं उठाते। कांग्रेस मेरा और मेरे कार्य का विरोध करती है। मुझे ग़द्दार कहती है, क्यों? ***(बोलते-बोलते अम्बेडकर का चेहरा गम्भीर, लाल हो जाता है।)***

गाँधी : मद्रास के भाषण में मैंने इस सन्देह पर से परदा उठा दिया था।

अम्बेडकर : आप बारदोली में जिन किसानों के लिए आकाश-पाताल एक कर रहे हैं, वे किसान अस्पृश्यों पर कितना ज़ुल्म ढा रहे हैं, इस पर कभी गौर किया?

गाँधी : ***(अम्बेडकर की तरफ़ देखने लगते हैं।)***

अम्बेडकर : आपके राष्ट्रवादी समाचार-पत्रों में हमारी ख़बरें छापने के लिए ज़रूरी टाइप ही नहीं हैं... ***(कहते-कहते ख़ामोश हो जाते हैं। थोड़ा सामान्य होने पर रिसते घाव की पीड़ा को अन्दर ही अन्दर दबाने का प्रयास करते हुए अचानक फट पड़ते हैं)*** गाँधीजी, आई हैव नो होमलैंड।

गाँधी : ***(चौंककर)*** क्या कहा!

अम्बेडकर : मेरी कोई मातृभूमि नहीं है।

गाँधी : ***(बीच में ही रोकते हुए)*** डॉक्टर साहब यह आपकी मातृभूमि है।

अम्बेडकर : आप कह रहे हैं कि यह मेरी मातृभूमि है लेकिन मैं फिर कहूँगा कि मेरी कोई मातृभूमि नहीं है। एक कुत्ता

जिस तरह की ज़िन्दगी जीता है, उस तरह की भी ज़िन्दगी हम नहीं गुज़ार सकते। ये कैसी विडम्बना है कि हमारे जानवर उस तालाब में पानी पी सकते हैं पर हमें पीने का अधिकार नहीं है? उस भूमि को अपनी जन्मभूमि और उस भूमि के धर्म को अपना धर्म कहने में मैं ही क्या, कोई भी अस्पृश्य तैयार नहीं होगा जिसे इंसानियत का ज्ञान हो और जिसे स्वाभिमान की तनिक भी परवाह हो।

गाँधी : गोलमेज कॉन्फ्रेंस में आपके कार्य की रिपोर्ट मुझे मिली है, उसने आपको एक महानतम देशभक्त सिद्ध किया है। ***(बिछावन पर से उतरकर कमरे में झाड़ू लगाने लगते हैं।)***

अम्बेडकर : यदि मैं इस देश के लिए कुछ नहीं कर पाता हूँ तो इसका कारण मैं नहीं, सवर्ण हिन्दू हैं। और यदि मेरे कार्यों से इस देश को कोई नुक़सान नहीं पहुँचता है तो इसका श्रेय मेरी चेतना को जाता है।

गाँधी : आपको जो कहना है, दिल खोलकर कहिए।

अम्बेडकर : सभी जानते हैं, मुसलमान और सिख अछूतों से सामाजिक, राजनीतिक और आर्थिक रूप से काफ़ी आगे हैं। प्रथम गोलमेज कॉन्फ्रेंस ने मुसलमानों की राजनीतिक माँगों को मान्यता दे दी है और उनके लिए राजनीतिक सुरक्षा के उपायों की सिफ़ारिश की है। कांग्रेस भी उनकी माँगों से सहमत है। इसी कॉन्फ्रेंस में दलितों को राजनीतिक संरक्षण और समुचित प्रतिनिधित्व प्रदान करने की सिफ़ारिश की गयी थी। हमारी राय में यह दलितों के लिए लाभदायक है। आपकी क्या राय है?

गाँधी : डॉक्टर साहब, मैं हिन्दुओं से अछूतों के राजनीतिक अलगाव के ख़िलाफ़ हूँ। वह पूरी तरह से आत्मघाती होगा।

अम्बेडकर : ***(एक लम्बे पॉज़ के बाद)*** आपके स्पष्ट विचारों के लिए धन्यवाद। हमें पता तो लग गया कि हम कहाँ खड़े हैं।

अब मैं इजाज़त चाहूँगा। ***(प्रणाम कर अपने सहयोगियों के साथ बाहर निकल जाते हैं।)***

गाँधी : ***(कार्यकर्ता से)*** अम्बेडकर ने ऐसा क्यों कहा कि उनकी कोई मातृभूमि नहीं है?

कार्यकर्ता : शायद महार होने के नाते कह रहे हों।

गाँधी : अम्बेडकर क्या महार हैं!

कार्यकर्ता : सब जानते हैं।

गाँधी : मुझे तो पता ही नहीं था कि अम्बेडकर हरिजन हैं। मैं तो समझता था कि वे चित पावन ब्राह्मण हैं जो हरिजनों के हितों में गहरी रुचि रखते हैं, इसलिए उत्तेजित होकर बातें करते हैं।

[गाँधी कमरे की सफ़ाई करने में जुट जाते हैं। कमरे में फैली गन्दगी को बुहारने लगते हैं। अँधेरा होने के साथ दृश्य समाप्त।

तालियों की आवाज़ के साथ साइक्लोरामा का प्रकाश आने लगता है।

टेबल के पीछे गाँधी खड़े हैं। सामने से पड़ने वाला स्पॉट धीरे-धीरे तेज़ होता जाता है। कुछ क्षणों तक तालियों की गड़गड़ाहट चलती है। गाँधी हाथ जोड़कर अभिवादन करते हैं फिर कॉन्फ्रेंस में सम्बोधन करते हैं।]

गाँधी : मिस्टर चेयरमैन, मैं अल्पसंख्यक वर्गों को उचित प्रतिनिधित्व देने के प्रश्न पर राज़ी हूँ क्योंकि इसके कुछ ठोस ऐतिहासिक कारण हैं। जहाँ तक अछूतों का सवाल है, मैं और कांग्रेस दोनों प्रतिनिधित्व देने के मामले में विरुद्ध हैं। अछूत हिन्दू धर्म का ही हिस्सा हैं और इनसे अलग नहीं किया जा सकता। मुझे बड़े दुख के साथ कहना पड़ रहा है कि हम साम्प्रदायिकता के सवाल पर आपसी बातचीत के द्वारा किसी निर्णय पर पहुँचने में असफल रहे हैं। ये असफलता कमेटी के गठन में ही छिपी है, जिसके समस्त सदस्य सरकार के प्रतिनिधि तो हैं मगर जनता के प्रतिनिधि नहीं हैं।

जहाँ तक कांग्रेस का सवाल है, मैं बताना चाहूँगा कि कांग्रेस देश की पचासी से पनचानवे प्रतिशत जनता का प्रतिनिधित्व करती है, जिसमें अछूत भी शामिल हैं और...

[गाँधी के बोलते-बोलते स्पॉट डिम हो जाता है।
अँधेरा।
डिमर का प्रकाश आना शुरू। उस स्थान पर अम्बेडकर खड़े होकर बोल रहे हैं।]

अम्बेडकर : क्या मैं यह जान सकता हूँ कि जिन पाँच प्रतिशत लोगों का प्रतिनिधित्व कांग्रेस नहीं करती है, वे कौन हैं? ***(पॉज़)*** मिस्टर चेयरमैन सर, मुझे इस बात में ज़रा-सा भी शक़ नहीं है कि अपने समुदाय का पूरी तरह से प्रतिनिधित्व मैं करता हूँ। पर गाँधी जी का दावा है कि कांग्रेस मुझसे ज़्यादा अछूतों का प्रतिनिधित्व करती है। मैं इतना ही कहूँगा कि यह उन तमाम झूठे बयान में से एक है जिसे ग़ैर-ज़िम्मेदार लोग अक्सर देते रहते हैं। ***(जेब से टेलीग्राम की प्रतियाँ निकालकर दिखाते हुए)*** देश के कोने-कोने से सैकड़ों पत्र और तार मेरे पास आ रहे हैं जिसमें लोगों ने लिखा है कि मैं अछूतों का एक मात्र प्रतिनिधि हूँ और उनका कांग्रेस में कोई विश्वास नहीं है। वे कांग्रेस के कार्य करने के तरीके का विरोध करते हैं। एक बात और बताना चाहता हूँ मिस्टर चेयरमैन कि अछूत वर्ग हिन्दुस्तान में सत्ता परिवर्तन के लिए शोर नहीं मचा रहा है। लेकिन हस्तान्तरण होता है तो सत्ता सिर्फ़ कुछ लोगों के हाथ में या विशिष्ट वर्गों या किसी खास दल के कब्ज़े में नहीं होनी चाहिए। उसमें सारे समुदायों की साझेदारी होनी चाहिए...

[स्पॉट धीरे-धीरे डिम।
अँधेरा।
स्पॉट आने पर वहाँ गाँधी हैं, जवाब दे रहे हैं।]

गाँधी : मुझे पूरा विश्वास है कि छुआछूत बिल्कुल समाप्त होने वाला है। स्वतन्त्र निर्वाचन क्षेत्र देने से यह कलंक बना

रहेगा। मैं हिन्दुस्तान के एक कोने से दूसरे कोने तक जाकर अछूतों को समझाना चाहूँगा कि छुआछूत मिटाने का ये तरीक़ा ठीक नहीं है। मेरे लिए तो छुआछूत ज़िन्दा रहने से बेहतर है हिन्दू धर्म की मौत। मैं बड़ी इज़्ज़त करता हूँ डॉ. अम्बेडकर की पर ऐसा लगता है कि जिस अन्याय की चक्की में वे पिस चुके है, जिन कटु अनुभवों से गुजरे हैं सम्भवतः उनके कारण वे गुमराह हो गये हैं। अम्बेडकर का ये दावा कि समस्त अछूतों की वकालत करते हैं, बिल्कुल अनुचित है। अछूतों के राजनीतिक अधिकारों के बारे में बोलने वालों को अपने देश के बारे में ज्ञान नहीं है कि आज भारतीय समाज किस तरह गठित है...इसलिए मैं पूरा ज़ोर देकर कहता हूँ कि यदि मुझे अकेले ही इसका प्रतिरोध करना पड़ा तो मैं अपना जीवन देकर यह करूँगा...

[स्पॉट का प्रकाश क्रमशः डिम। साथ ही तालियों की गड़गड़ाहट।

अँधेरा।

साइक्लोरामा का प्रकाश आता है तब परदे के पार्श्व से गाँधी, अम्बेडकर और कुछ कांग्रेस नेता निकलते हैं। गाँधी के दिये भाषण से अम्बेडकर के चेहरे पर तनाव है।]

अम्बेडकर : गाँधी जी, मैं आपके दावे से सहमत नहीं हूँ।

गाँधी : ***(टेबल के सामने आकर रुकते हैं, मुड़कर अम्बेडकर की तरफ़ देखने लगते हैं)*** इसके लिए आप स्वतन्त्र हैं।

अम्बेडकर : ये आपने कैसे कह दिया कि कांग्रेस सभी भारतीय हितों का प्रतिनिधित्व करती है?

गाँधी : क्योंकि कांग्रेस के साथ देश के ज़्यादा अछूत जुड़े हुए हैं इसलिए देश के समस्त अछूत क्या चाहते हैं, उसे कांग्रेस के द्वारा ही जानने का काम होना चाहिए।

अम्बेडकर : ***(टेबल के पीछे से निकलकर सामने आ जाते हैं)*** कांग्रेस को ऐसा दावा करने का कोई अधिकार नहीं है।

गाँधी : आपकी बातों का मैं बुरा नहीं मानता। हर एक अस्पृश्य

की तरह आपको भी मुझ पर थूकने का अधिकार है। आप मुझ पर थूकें तो भी मैं हँसता रहूँगा। परन्तु यह बताना चाहता हूँ कि आप देश के उसी भाग की तरफ़ से बोलते हैं, जिस भाग में रहते हैं। मैंने अपना अधिकांश जीवन अस्पृश्यों के पक्ष में लगाया है। मैं भारत के सभी भागों में जाकर उनलोगों से मिला हूँ। उनमें से कई मेरे आश्रम में हैं। एक अस्पृश्य लड़की को मैंने गोद भी लिया है।

अम्बेडकर : माँ और दाई के प्यार में फ़र्क़ होता है।

गाँधी : तुम मेरे प्यार को झूठा साबित करना चाहते हो?

अम्बेडकर : दाई के प्यार से हमारे सिर पर हाथ ज़रूर फेरा है लेकिन माँ की तरह गोद में लेने का वक़्त आया तब दूर ढकेल दिया।

गाँधी : मुझे देश के कई भागों से अस्पृश्यों के तार मिले हैं जिन्होंने आपको अपना प्रतिनिधि मानने से इन्कार कर दिया है।

अम्बेडकर : *(मध्य में रखे ब्लॉक की तरफ़ बढ़ते हुए)* इससे क्या सिद्ध करना चाहते हैं कि भारत का अर्थ कांग्रेस है, अतः वार्त्ता का आधार बिन्दु वही बने?

महिला कांग्रेस नेता : मैं विश्वास दिलाती हूँ, वार्त्ता आपके हित में होगी।

अम्बेडकर : कैसे मान लें, गाँधी जी तो मुसलमानों की चौदह सूत्रीय माँगों को स्वीकार करने के लिए एक शर्त मुस्लिम मित्रों के सामने रख रहे हैं कि वे अछूतों के पृथक् प्रतिनिधित्व का विरोध करें।

कांग्रेस नेता 1 : वे नहीं चाह रहे हैं कि पृथक् निर्वाचन मण्डल होने से समाज में किसी प्रकार का तनाव बढ़े।

अम्बेडकर : *(झुँझला कर ब्लॉक पर बैठते हुए)* आख़िर गाँधी जी हमारे वर्ग को राजनीतिक सुविधाओं को दिलवाने के विरोधी क्यों हैं?

कांग्रेस नेता 2 : वे नहीं चाहते कि अस्पृश्य सदा अस्पृश्य बना रहे।

अम्बेडकर : वे मुसलमानों और सिखों को विशेष अधिकार देने के पक्ष में हैं परन्तु अछूत वर्ग के पक्ष में नहीं हैं।

[गाँधी दूसरे ब्लॉक पर आकर बैठते हैं। दोनों आमने-सामने हैं। अन्य लोग उनके पीछे, अगल-बगल।]

महिला कांग्रेस नेता : डॉक्टर साहब, क्या सोचा आपने?

अम्बेडकर : मुझे क्या सोचना है, जो सोचना है आपलोगों को सोचना है। ***(गाँधी की तरफ़ देखकर)*** बहुत कुछ गाँधी जी को...

गाँधी : हम तुम्हारे साथ हैं डॉक्टर, बशर्ते...

अम्बेडकर : बशर्ते क्या?

गाँधी : आप हमारे साथ आ जाएँ।

अम्बेडकर : मैं आपका और आपकी कांग्रेस का समर्थन चाहता हूँ। कदाचित इससे हम एक दिशा में, एक लक्ष्य के लिए साथ-साथ कार्य करते हुए अनुभव किये जा सकें।

महिला कांग्रेस नेता : अलग रहकर भी?

अम्बेडकर : हाँ, मैं ऐसा ही समझता हूँ। दरअसल दोनों अलग लगते हैं पर दोनों का लक्ष्य एक है।

महिला कांग्रेस नेता : दिस इज़ व्हाई यू आर एंग्री, डॉक्टर अम्बेडकर?

गाँधी : ***(रुक-रुककर)*** देखो डॉक्टर, निकट भविष्य में रास्ता निकल जाएगा, फिर तुम्हारे सारे सन्देह दूर हो जायेंगे।

अम्बेडकर : प्रेडिक्शन ऑल्वेज प्रूव्स फ़ाल्स।

गाँधी : भविष्यवाणियाँ हमेशा ग़लत सिद्ध नहीं होतीं डॉक्टर, बशर्ते मन में आस्था हो...अपने पर भरोसा हो।

कांग्रेस नेता 1 : इसमें सोचना क्या है, गाँधी जी आपके साथ हैं।

अम्बेडकर : मेरी प्रार्थना है कि दलित वर्गों की माँग पर आपका आशीर्वाद रहे। गाँधी जी, दलित वर्गों की समस्याएँ देश की आज़ादी से भी ज़्यादा पेचीदी हैं।

गाँधी : जानता हूँ, तभी कहता हूँ डॉक्टर मेरी बात सुनो।

अम्बेडकर : सौदा नहीं कर सकूँगा, आख़िर मेरे ज़मीर का भी प्रश्न है।

गाँधी : सौदा कौन चाहता है?

अम्बेडकर : फिर आप हमें अपना समर्थन दीजिए।

कांग्रेस नेता 2 : ज़िद छोडो डॉक्टर। बापू आपके साथ हैं। वे किसी का बुरा नहीं चाहते।

अम्बेडकर : मेरी कोई ज़िद नहीं है।

गाँधी : फिर मान जाओ।

अम्बेडकर : क्या मान जाऊँ?

महिला कांग्रेस नेता : ***(साड़ी ठीक करते हुए)*** गाँधी जी का साथ देना।

[अम्बेडकर कुछ नहीं बोलते हैं। सब लोगों की दृष्टि अम्बेडकर पर ही है। कुछ क्षणों तक वातावरण में सन्नाटा छाया रहता है।]

कांग्रेस नेता 1 : कुछ कहिए भी डॉक्टर अम्बेडकर।

अम्बेडकर : क्या कहूँ।

कांग्रेस नेता 2 : कुछ भी...

अम्बेडकर : जो कहना था, कह चुका।

गाँधी : तो...***(एक-एक शब्द पर रुककर)*** मुझे ही निर्णय लेना है।

अम्बेडकर : जैसी आपकी इच्छा। ***(कमरे में उपस्थित लोगों की तरफ़ देखने लगते हैं। कमरे में चुप्पी छा जाती है। कोई कुछ नहीं बोल रहा है।)***

गाँधी : ठीक है डॉक्टर...

अम्बेडकर : क्या?

गाँधी : यदि शेष प्रतिनिधि दलित वर्गों की माँगों पर...

अम्बेडकर : जी...

गाँधी : ***(वाक्य को पूरा करते हुए)*** सहमत हो जाएँ तो वे भी सहमत हो जायेंगे...***(कहते हुए साइक्लोरामा की तरफ़ जाने लगते हैं। मेज़ के पास रुकते हैं, मुड़कर)*** मैं हिन्दू धर्म के विभाजन का पक्षधर नहीं हूँ और न कभी हो सकता हूँ। मुझे इस बात की चिन्ता नहीं है कि अछूत लोग ईसाई हो जाएँ या मुसलमान। वह मैं बर्दाश्त कर लूँगा। परन्तु यह स्वीकार नहीं है कि प्रत्येक गाँव छूत या अछूत में बँट जाए। जो अछूतों के राजनीतिक अधिकारों की चर्चा कर रहे हैं, वे नहीं जानते हैं कि भारत है क्या और उसका सामाजिक ढाँचा क्या है? इसलिए मैं अपनी सम्पूर्ण शक्ति से कहता हूँ कि इस बात का विरोध करने वाला यदि मात्र मैं अकेला भी रह

जाऊँगा तो भी अपने प्राणों की बाज़ी लगाकर इसका विरोध करूँगा...लेकिन यह विभाजन किसी क़ीमत पर नहीं होने दूँगा।

[गाँधी बाहर निकल जाते हैं, उनके पीछे एक-एक करके अन्य भी। केवल अम्बेडकर रह जाते हैं। स्पॉट केवल उन पर।]

अम्बेडकर : जॉर्ज पंचम की पार्टी में सब थे...वे मेरे पास आये और पूछा, 'क्या अछूत सिर पर मैला उठाकर चलते हैं?' मैंने कहा, 'जी सम्राट।' 'क्या उनके चलने से सड़क गन्दी हो जाती है?' मैंने उत्तर दिया, 'सवर्णों का तो यही मानना है।' ***(पॉज़)*** 'क्या उन्हें अछूत होने के लिए अपनी पहचान रखना ज़रूरी है?' जार्ज पंचम ने प्रश्न किया। मैंने उत्तर दिया, 'जी सम्राट।' ***(पॉज़)*** 'वे हिन्दू हैं?' आश्चर्य से जॉर्ज पंचम ने पूछा। 'जी सम्राट, वे हिन्दू हैं, लेकिन उनके मन्दिरों में नहीं जा सकते, उनके तालाब, कुओं आदि से पानी नहीं भर सकते, उनकी किसी चीज़ को छू नहीं सकते।' मैंने धीरे-धीरे बताया। 'क्यों !' जॉर्ज पंचम का मुँह खुला रह गया। मैंने कहा, 'क्योंकि वे अछूत हैं। मैं भी उनमें से एक हूँ।' ***(पॉज़)*** 'आपका तो यहाँ बहुत नाम हुआ है। हमारे लोगों ने आपको बहुत पसन्द किया है। फिर भी...' जॉर्ज पंचम आगे कहते-कहते रुक गये। कुछ सोचने लगे। 'मैं भी अछूतों में से हूँ। आपकी सरकार कुछ करे, उनको भी जीने का हक़ मिले, यह प्रार्थना लेकर इस कॉन्फ्रेंस में आया हूँ। लेकिन मुझे धर्मशत्रु कहा जा रहा है। मुझ पर मारपीट और चोरी का मुक़द्दमा दायर किया जा रहा है। मैं जिनका हूँ, वे पहले से बहुत कमज़ोर और अत्यन्त दयनीय हैं। मैं उनके लिए, उनके अस्तित्व के लिए अत्यन्त निष्ठा और पुरजोर शक्ति से जितना बन सकता है, कर रहा हूँ। क्या यह मेरा अपराध है?...'

[बोलते-बोलते ब्लॉक पर बैठने लगते हैं। स्पॉट चेहरे पर। भाव जैसे कुछ याद कर रहे हों।

पार्श्व से ढोल-मँजीरे, घण्टे-घड़ियाल की ज़ोर-ज़ोर से आवाज़।

साइक वाले प्लेटफ़ॉर्म पर दर्शकों की तरफ़ पीठ किये लोग बैठे हुए दिखाई देते हैं। वे कालाराम मन्दिर का द्वार खोलने के लिए नारे लगा रहे हैं, कीर्तन कर रहे हैं :

(द्वार खुलेंगे, हर बार खुलेंगे!
सबके लिए बारम्बार खुलेंगे!
राम भक्तों का यह नारा है,
कालाराम मन्दिर हमारा है।
जय जय राम, जय सियाराम...)

कीर्तन के बीच मन्दिर का द्वार खुलने के साथ हाथ में बड़े-बड़े भगवे झंडे लेकर पंडे आक्रामक मुद्रा में निकलते हैं। सामने कीर्तन कर रहे लोगों पर टूट पड़ते हैं। चारों ओर खलबली मच जाती है। भागम-भाग, मारा-मारी शुरू। चीख़ने-चिल्लाने के स्वर, नारे, कीर्तन के बीच दृश्य लुप्त होने लगता है।

अगले दृश्य पर धीरे-धीरे प्रकाश...

गाँधी पूना के यरवदा जेल में हैं। कमरा सत्याग्रहियों से भरा है। सभी चरखा चला रहे हैं। कांग्रेस के कार्यकर्ता तेज़ क़दमों से अन्दर आते हैं।]

कार्यकर्ता 1 : बापू, कम्यूनल अवार्ड की घोषणा हो गयी है।

गाँधी : *(चरखा चलाते रहते हैं।)*

कार्यकर्ता 2 : कितना प्रयास किया कि...

कार्यकर्ता 3 : आख़िर वही हुआ जो अम्बेडकर ने चाहा।

कार्यकर्ता 1 : यह तो अम्बेडकर की विजय है।

गाँधी : किसी के जय-पराजय का सवाल नहीं है। सवाल है कि क्या यह देशहित में है?

कार्यकर्ता 1 : इसमें तो निर्वाचन क्षेत्र जातिभेद के आधार पर सीमित करने का प्रस्ताव है।

कार्यकर्ता 2 : फिर तो हरिजन-हरिजन को मत देगा, ईसाई-ईसाई को।

कार्यकर्ता 3 : इसका परिणाम अस्पृश्यता से भी ज़्यादा बुरा होगा।

कार्यकर्ता 1 : सारा देश जाति, सम्प्रदाय में बँट जाएगा। अस्पृश्यता और गहरा जाएगी।

गाँधी : इस व्यवस्था के बदले तो अच्छा होगा अगर हिन्दू धर्म ही निर्मूल हो जाए। सदियों से अस्पृश्यता की जो घृणित प्रथा चल रही है उस कुरीति को अब स्थायी रूप देना भीषण भूल तो होगी ही, महापाप भी होगा जिसका कोई प्रायश्चित्त नहीं होगा।

कार्यकर्ता 1 : सरकार चाहती है, यहाँ के लोग आपस में लड़ें।

कार्यकर्ता 2 : जितना लड़ेंगे, फ़ायदा सरकार को ही है।

कार्यकर्ता 3 : दो बिल्लियों के बीच हमेशा बन्दर ही फ़ायदा पाता है।

गाँधी : ***(चरखा चलना रोककर)*** मैं इसका विरोध करूँगा।

कार्यकर्ता 1 : आपके विरोध से देश के हरिजन कांग्रेस के विरोधी न बन जाएँ।

गाँधी : ऐसा हुआ तो फिर मेरा जीवन ही व्यर्थ है। ***(कार्यकर्ता 1 से)*** प्रधानमन्त्री को पत्र लिखो कि हरिजनों को हिन्दुओं से अलग न किया जाए। यदि आरक्षण लागू होगा तो हिन्दू हरिजनों से नाराज़ हो जायेंगे। स्वतन्त्र निर्वाचक मण्डल की योजना रद्द नहीं की तो मैं आमरण अनशन शुरू कर दूँगा। मैं हिन्दुओं का विभाजन बरदाश्त नहीं कर सकता हूँ।

[सत्याग्रही चरखा चलाते हुए 'उठ जाग मुसाफिर भोर भई, अब रैन कहाँ जो सोवत है...' भजन गाने लगते हैं।

जेल में टंकारे बजने लगते हैं। स्पॉट मद्धिम... स्पॉट अम्बेडकर के स्टडी रूम में जहाँ वे अपने सहयोगियों के साथ एकत्र हैं।]

सहयोगी 1 : गाँधी जी ने सबसे भयंकर अस्त्र छोड़ दिया है।

सहयोगी 2 : आमरण अनशन पर बैठ गये हैं।

अम्बेडकर : सब राजनीतिक स्टंट है।

सहयोगी 3 : कांग्रेसी नेताओं में से किसी ने भी गाँधी जी को नहीं समझाया।

सहयोगी 1 : उल्टे हमीं पर आरक्षण की माँग छोड़ने के लिए दबाव बना रहे हैं।

अम्बेडकर : गाँधी जी की यह धमकी नैतिक लड़ाई नहीं बल्कि एक राजनीतिक क़दम है। कोई आदमी अपने राजनीतिक विरोधी से बराबरी के स्तर पर ईमानदारी से बातचीत करे, यह तो मेरी समझ में आता है, परन्तु इस तरह के उपायों से मैं हिलने वाला नहीं हूँ।

सहयोगी 3 : सारे देश में हलचल मची हुई है।

सहयोगी 1 : कुछ भी हो सकता है।

सहयोगी 3 : हिन्दू आक्रामक हो रहे हैं।

सहयोगी 4 : ***(चिन्तित होते हुए)*** ये तो होना ही था एक दिन...

सहयोगी 2 : इससे तो ख़्वामख़्वाह सवर्ण और अवर्ण भिड़ेंगे। सब जगह जातीय दंगे, ख़ून-ख़राबा होगा।

सहयोगी 5 : महात्मा जी हिंसा क्यों चाहते हैं?

सहयोगी 4 : गोलमेज कॉन्फ्रेंस में एक बार भी नासिक और महाड़ के कॉंग्रेसियों को यह आदेश नहीं दिया कि कालाराम मन्दिर में अवर्णों को जाने दें...चावदार तालाब से पानी भरने दें...

अम्बेडकर : अगर गाँधी जी हिन्दू समुदाय को सुरक्षित रखने के लिए अपनी जान की बाज़ी लगाना चाहते हैं तो अस्पृश्य वर्ग भी जान देकर अपने हितों की रक्षा के लिए विवश हो जायेंगे।

सहयोगी 3 : ***(झुँझलाकर)*** पता नहीं क्या खाकर अपने को अछूतों का नेता कहलाना चाहते हैं?

अम्बेडकर : लन्दन में भूल गये थे कि उनके सामने वे लोग नहीं थे, जो प्रायः उनके पास आशीर्वाद लेने के लिए आते हैं। बल्कि वे लोग थे जो उनके साथ किसी प्रकार का सवाल कर सकते थे जिस प्रकार कठघरे में खड़े गवाह से वकील करता है। उन्हें यह ख़याल ही नहीं रहा कि वे एक राजनीतिक सम्मेलन में शिरकत करने आये हैं।***(अधरों पर मुस्कराहट फैल जाती है)*** नायकर, वह तमाशा भी देखने लायक़ था। वे ऐसे लग रहे थे मानों

वैष्णव मन्दिर में नरसी मेहता के भजन गाने हाजिर हुए हों।

[सब हँस पड़ते हैं। रमाबाई कमरे में प्रवेश करती है। मेज़ पर रखे लैम्प का शीशा निकालकर साफ़ करने लगती है।]

सहयोगी 1 : लगता है भाभी आज हम लोगों से नाराज़ हैं।

रमाबाई : *(शीशे को साफ़ कर लैम्प में लगा देती है)* नहीं तो।

सहयोगी 2 : कुछ तो बात है।

रमाबाई : *(लैम्प जलाकर)* ऐसा क्यों कह रहे हैं?

सहयोगी 3 : इतनी देर से बैठे हैं, अभी तक चाय-कॉफी कुछ नहीं...

रमाबाई : चाय तो कब से आपलोगों के ग़ुस्से से खौल रही है। इन्तज़ार कर रही थी, थोड़ा शान्त हो जाएँ तो ले आऊँ।

सहयोगी 4 : गुस्से के ठंडाने का इन्तज़ार मत कीजिए, जल्दी से ले आइये।

[रमाबाई अन्दर जाती हैं।]

अम्बेडकर : सुना था कि महात्मा लोग सम्मोहित करते हैं परन्तु वे तो वहाँ खुद सम्मोहित हो रहे थे। *(इस पर सब पुनः हँस पड़ते हैं)* कैसी मज़ेदार बात थी कि उन्हें आज़ादी की गुठली के बारे में बातचीत करने भेजा गया था पर चन्द छिलके लेकर प्रसन्न लौटने के लिए तैयार हो गये।

[रमाबाई एक थाली में ढेर सारे कप लेकर आती हैं।]

सहयोगी 4 : *(कप उठाते हुए)* देश के लिए अच्छा नहीं हुआ।

सहयोगी 5 : *(चुस्की लेते हुए)* ख़्वामख़्वाह संकट में डाल दिया है।

[रमाबाई घूम-घूम कर सबको कप थमाती हैं।]

सहयोगी 3 : काश छुआछूत मिटाने के लिए आमरण अनशन किया होता!

[सभी पीने लगते हैं।]

सहयोगी 2 : वे ऐसा कभी नहीं कर सकते थे।

सहयोगी 3 : क्यों?

सहयोगी 1 : इससे उनके सवर्ण हिन्दू भक्त नाराज़ नहीं हो जाते?

सहयोगी 4 : पूँजीपति भी उन पर आँख बन्द करके पैसा ख़र्च करते हैं। उनकी हर बात मानते हैं।

सहयोगी 3 : वे उनके वास्तविक संरक्षक और शुभचिन्तक हैं।

[रमाबाई दरवाज़े के पास खड़ी होकर इनकी बातें सुनने लगती हैं।]

अम्बेडकर : ***(चुस्की लेकर)*** वे न मुसलमानों, न सिक्खों, न भारतीय ईसाइयों ऐंग्लो-इंडियन लोगों के विरुद्ध हुए जब कि उन्हें भी पृथक निर्वाचन क्षेत्र के अधिकार मिले थे। उनसे गाँवों में फूट नहीं पड़ेगी? आखिर अछूतों पर उनकी यह कृपा क्यों? महात्मा के लिए मेरा-तेरा क्यों? क्यों ये छल-प्रपंच?

सहयोगी 4 : आपने महात्मा को सही समझा है।

सहयोगी 1 : हिन्दू आपको जान से मारने की धमकी दे रहे हैं। हमें चुप नहीं रहना चाहिए।

सहयोगी 5 : फ़ैसला तो प्रधानमन्त्री ने दिया है, फिर आप पर उनका निशाना क्यों?

सहयोगी 2 : सरकार को भी धमकी भरे तार गये हैं।

अम्बेडकर : ***(कप मेज़ पर रख कर)*** मैं महात्मा से नहीं घबड़ाता। यहाँ अनेक महात्मा हुए हैं जो छुआछूत मिटाना चाहते थे, अछूतों में सुधार करवाना चाहते थे...सबको साथ मिलाना चाहते थे...परन्तु अछूत जहाँ थे, आज भी वहीं हैं। मैं किसी की मृत्यु नहीं चाहता लेकिन उनके प्राणों के लिए हम अपने लोगों को फिर से भूलभुलैया में तो नहीं डाल सकते?

सहयोगी 3 : हमको डटकर मुक़ाबला करना चाहिए।

सहयोगी 1 : यह महाभारत तो एक दिन होना ही था। बिना महाभारत हुए कुछ मिलना नहीं...पाँच गाँव भी नहीं।

सहयोगी 2 : जो होना है होने दीजिए।

सहयोगी 4 : किसने कहा था आमरण अनशन पर बैठने के लिए?

सहयोगी 5 : अब हमें चलना चाहिए।

सहयोगी 2 : सभा में पहुँचना भी है।

[रमाबाई समीप आती है।]

रमाबाई : भोजन तैयार है, खाकर जाइए।

अम्बेडकर : भूख तो लगी है।

रमाबाई : आज बाजरे की रोटी बनाई है।

अम्बेडकर : तो दाल अरहर की होगी। लेकिन क्या करें रमा, अभी जाना होगा। प्रश्न प्राणों का है।

[नेपथ्य से कोरस का समूहगान। अम्बेडकर और उनके सहयोगी बाहर जाने लगते हैं।]

(कबीर बानी)

मन ना रँगाये रँगाये जोगी कपड़ा।
आसन मारि मन्दिर में बइठे, ब्रह्म छाड़ि पूजन लागे पथरा।
कनवा फराय जोगी बढ़वले, दढ़िया बढ़ाय जोगी होगइलैं बकरा।
जंगल जाए जोगी धुनिया रमवलैं, कमवा जराय जोगी हो गइलैं हिजरा।
मथवा मुँडाय जोगी कपड़ा रँगवलैं, गीता बाचि के हो गइलैं लबरा।
कहहिं कबीर सुनो भाई साधो! यम दरवजवा बाँधल जइबा पकड़ा।...

(अँधेरा हो जाता है।)

[स्पॉट गाँधी पर। वे आमरण अनशन पर हैं। खाट पर लेटे हैं। कांग्रेस नेता उनके समीप मोढ़े पर बैठे हैं।]

गाँधी : समाज में फैली अस्पृश्यता का मैं मरते दम तक विरोध करूँगा। मेरा अनशन किसी विशेष समाज के ख़िलाफ़ नहीं है। कई बार तो मैं खुद अपने ख़िलाफ़ लड़ा हूँ। डरबन में जब मैं वकालत करता था, अपनी पत्नी के ख़िलाफ़ लड़ा। मैं घर में ख़ुद भंगी की तरह काम करता था। अपनी कस्तूरबा से भी करवाता था। एक दिन मैंने मेहमान के कमरे का कमोड साफ़ करने के लिए कस्तूरबा से कहा तो उसने उस शूद्र कारकून का कमोड साफ़ करने से इंकार कर दिया। मैं उठाने के

लिए चला तो उसे देखा न गया और उसका इस तरह झींक कर जाना मुझे पसन्द नहीं था। मैंने ऊँचे स्वर में कहा, 'यह कलह मेरे घर में नहीं चल सकती।' सुनकर भड़क उठी, 'तो अपना घर अपने पास रखो, मैं जाती हूँ।' सुनकर मैं ईश्वर को भूल गया था। लेश मात्र दया भी मेरे दिल में न रह गयी थी। मैंने हाथ पकड़ा। सीढ़ी के सामने ही बाहर निकलने का दरवाज़ा था। कस्तूरबा को पकड़कर दरवाज़े तक खींच ले गया...

महिला कांग्रेस नेता : लेकिन अम्बेडकर बहुत ज़िद्दी हैं।

कांग्रेस नेता : महार हैं न।

महिला कांग्रेस नेता : महार मिलिट्री के नाम पलटन थी। उसके ख़ून में मिलिट्री जीवन की दृढ़ता है।

गाँधी : होनी भी चाहिए। उनके पिता मिलिट्री में थे। उनकी पत्नी का परिवार भी मिलिट्री में था। सवर्ण हिन्दुओं ने उन लोगों पर बर्बर अत्याचार किए हैं। अम्बेडकर उनके सदियों के पाप का दंड देने के लिए अपनी ज़िद पर अड़े रह सकते हैं।

महिला कांग्रेस नेता : *(तड़पकर)* ऐसा हो सकता है?

गाँधी : क्यों नहीं हो सकता है? पाप का फल तो भोगना ही पड़ेगा। हिन्दुओं में सवर्णों ने जो-जो किया है, वह क्षमा योग्य नहीं है।

महिला कांग्रेस नेता : परन्तु आपने तो अवर्ण वर्गों के लिए इतना कुछ किया है कि...

गाँधी : समुद्र में एक बूँद सा नायडू।

कांग्रेस नेता : तो?

गाँधी : *(मुस्कुराते हैं, बैठने का रुख बदलकर)* यदि डॉक्टर नहीं माने तो मुझे उनसे कोई शिकायत नहीं होगी। मेरी मृत्यु हिन्दुओं द्वारा किये गये सदियों के अत्याचारों की मामूली क़ीमत होगी। उसके लिए मैं तैयार हूँ।

महिला कांग्रेस नेता : *(साड़ी का पल्ला कन्धे पर ठीक से लेते हुए)* क्या हिन्दुस्तान यह स्वीकार कर लेगा?

गाँधी : दलितों पर रूढ़ियों से अत्याचार सवर्ण हिन्दुओं ने किए हैं न?

महिला कांग्रेस नेता : हाँ।

गाँधी : उन्होंने कैसे बर्दाश्त किए?

महिला कांग्रेस नेता : वो...

गाँधी : वो...वो...कुछ नहीं नायडू। भीष्म पितामह ने महाभारत बर्दाश्त किया था...स्वयं श्रीकृष्ण उसे रोक नहीं पाये। वे तो ईश्वर थे। चाहते तो रोक सकते थे, लेकिन उन्होंने ऐसा नहीं किया। ***(पॉज़)*** वे कर भी नहीं सकते थे। क्योंकि भगवान की शोभा-सुषमा और अलंकार है। वह उसी से है।

कांग्रेस नेता : हिन्दुस्तान में ग़दर मच जाएगा।

गाँधी : नहीं, ऐसा नहीं होना चाहिए।

कांग्रेस नेता : यही होगा।

गाँधी : ***(चेतावनी के स्वर में)*** यह हिन्दुस्तान का दुर्भाग्य होगा और हिन्दू धर्म के पाप का घड़ा फूटेगा।

[फेड आउट...
फ़ेड इन...
मध्य केन्द्र के ब्लॉक पर अम्बेडकर बैठे हैं। कांग्रेस नेतागण की नज़र अम्बेडकर पर जमी हुई है। अम्बेडकर बातचीत से क्षुब्ध दीख रहे हैं।]

कांग्रेस : डॉक्टर अम्बेडकर, आपके करने से ही कुछ हो पाएगा।

अम्बेडकर : मैंने उन्हें आमरण अनशन के लिए नहीं कहा था।

कांग्रेस नेता 2 : संकट महात्मा के प्राणों का है।

अम्बेडकर : संकट प्राणों का नहीं, विवेक और अन्धविश्वास में से एक को चुनने का है।

कांग्रेस नेता 1 : आप ही कोई रास्ता निकाल सकते हैं।

अम्बेडकर : कोई ठोस सुझाव भी तो हो।

कांग्रेस नेता 4 : ठोस आधार क्या बनें?

अम्बेडकर : वो बात मैंने गोलमेज कॉन्फ्रेंस में रखी थी, परन्तु उसको अब दोहराने से क्या लाभ?

कांग्रेस नेता 4 : आपके अलावा गाँधी जी के प्राण कोई नहीं बचा सकता, यह स्पष्ट है।

अम्बेडकर : ये आप कैसी बात कर रहे हैं? प्राण बचाने वाला तो वह है। ***(ऊपर संकेत करते हैं)*** या...ब्रिटिश प्रधानमन्त्री अथवा सम्राट। जो वह कहेगा, अच्छा ही कहेगा। उन पर भरोसा रखो। परन्तु यह न भूलें जो सदियों से प्राण दे रहे हैं, उनके कष्टों का निवारण कौन करेगा? वह आवश्यकता से नहीं होगा और न उसे कोई महात्मा कर सकेगा। वह होगा तो संवैधानिक अधिकार से। मुझे उनकी चिन्ता है।

कांग्रेस नेता 4 : आप ठीक कहते हैं।

कांग्रेस नेता 3 : लेकिन आपको उनके प्राणों की रक्षा करनी होगी। यह मेरी नहीं, हम सब की प्रार्थना है।

अम्बेडकर : इसके लिए आप सबको गाँधी जी के पास जाना चाहिए। उनका ठोस आधार का पता करना चाहिए। बात सिद्धान्त की है, भावुकता की नहीं।

कांग्रेस नेता 2 : इस समय थोड़ा आप...

अम्बेडकर : कृपया आप लोग मुझ पर ही दबाव न डालें, गाँधी जी से भी प्रार्थना करें। दलित वर्ग भी इंसान है जिन्हें आपलोगों ने जीते जी मार डाला है। अब जब वह सँभलना चाहता है, तब उसके प्रति अन्यथा क्यों सोचा जाता है? क्यों उनके सामने रोड़े डाले जाते हैं? ***(धीमे स्वर में)*** हिन्दू होने की इतनी बड़ी सज़ा!

[फेड आउट
गाँधी का अनशन स्थल फेड इन...]

महिला कांग्रेस नेता : भेदभाव रुकना चाहिए।

गाँधी : कौन रोकेगा? तुम या... ***(बगल में खड़े कांग्रेस नेता की ओर इशारा करते हुए)*** तुम? ***(कोई जवाब नहीं देता है)*** एक बात सम्भव है...अम्बेडकर उदारमना हैं और शायद हिन्दू धर्म को उबार ले जाने में उसकी चित्तवृत्तियाँ सहायक बन जाएँ। वह धर्म आवेष्टित होकर क्षमा कर दें तो यह संकट टल सकता है...

महिला कांग्रेस नेता : वह क्षमा करेंगे क्या?

गाँधी : क्यों नहीं?

महिला कांग्रेस नेता : आप क्षमा माँगेंगे?

गाँधी : हर पापी को माँगनी चाहिए।

महिला कांग्रेस नेता : आपने तो कोई पाप नहीं किया?

गाँधी : मेरी पीढ़ियों ने तो किया है।

महिला कांग्रेस नेता : तो वे पीढ़ियाँ जानें।

गाँधी : नहीं, ऐसा नहीं होता। जब पाप सामूहिक होता है, तब सज़ा उनमें से किसी ऐसे को मिलती है जो उस समाज में सबसे अधिक निर्दोष होता है। यही परम्परा है, न्याय है।

महिला कांग्रेस नेता : हम सब क्षमा माँगें तो...

गाँधी : क्षमा माँगना हर एक के भाग्य में नहीं है। ईसा ने भी उनके लिए क्षमा माँगी थी जिन्होंने उसके हाथ-पाँव में कील ठोंक कर क्रूस पर लटका दिया था। वह निर्दोष था। उसका बड़ा मन देखो कि उसने दोषियों को न केवल क्षमा कर दिया बल्कि उनके लिए प्रभु से प्रार्थना भी की थी कि उन्हें क्षमा कर दे क्योंकि वे नहीं जानते कि उन्होंने क्या किया है। ***(बैठने का रुख बदलते हैं। गहरी साँसें लेते हैं। पानी पीते हैं। खँखारते हैं)*** डॉक्टर अम्बेडकर हमें क्षमा करेंगे सरदार? क्या हम अपने आपको क्षमा का पात्र सिद्ध कर पाएँगे?

कांग्रेस नेता : क्यों नहीं?

गाँधी : जवाहर इससे दूर रहना चाहता है। वह भारत को समझने में यही ग़लती कर रहा है। उसे आज़ादी पाने की चिन्ता है और मुझे प्राप्त आज़ादी को बनाये रखने की। तुम उसे समझाना।

कांग्रेस नेता : कोशिश करूँगा बापू। लेकिन आप तो जानते हैं कि ...फिर भी आपका आदेश है तो मैं भरसक कोशिश करूँगा।

गाँधी : ***(महिला कांग्रेस नेता की तरफ़ मुड़कर)*** तुम भी।

महिला कांग्रेस नेता : जी, मैं भी।

[गाँधी आँखें बन्द कर लेते हैं। कुछ जाप सा करने लगते हैं।

फेड आउट...

फेड इन...

बैठक का दृश्य।

बातचीत काफ़ी तल्ख़ हो गयी है।]

कांग्रेस नेता 3 : हम दोनों वर्गों को पास-पास लाना चाहते हैं ताकि एक सौहार्दपूर्ण धारा प्रवाहित हो।

अम्बेडकर : यह मेरा दुर्भाग्य है कि पहले मुझे देशद्रोही, ग़द्दार और न जाने क्या-क्या कहा गया। अब मुझे खलनायक होना पड़ रहा है। परन्तु मैं जिसे अपना पुनीत कर्तव्य मानता हूँ उससे विचलित नहीं होऊँगा। मैंने कल भी कहा था, आज फिर दोहरा रहा हूँ। मैं अपने लोगों से किसी क़ीमत पर ग़द्दारी नहीं करूँगा, चाहे तो मुझे किसी निकट के लैम्प पोस्ट पर लटका दें।

कांग्रेस नेता 2 : हम आपको सिद्धान्त से विचलित होने के लिए नहीं कह रहे हैं। यह कहने के लिए इकट्ठे हुए हैं कि गाँधी जी का जीवन आपके हाथों में हैं।

कांग्रेस नेता 4 : *(कांग्रेस नेता 2 की तरफ़ मुड़कर)* आप सही फ़रमाते हैं।

अम्बेडकर : फरमाते तो आप लोग भी सही हैं। एक मैं हूँ जो न आपकी भाषा समझ पाता हूँ और न आपकी मंशा। पर एक बात साफ़ कर देना चाहता हूँ...आप सिद्धान्तवादी, देशभक्त और ज्ञानी बन्धु हमें अपना स्वीकार नहीं कर सकते तो न सही, लेकिन आपको यह अधिकार नहीं है कि हम पर संयुक्त निर्वाचन थोपें।

कांग्रेस नेता 3 : इस दिशा में हम मिल-जुल कर प्रयास करने के लिए तैयार हैं।

अम्बेडकर : हमें आप हमारे हाल पर छोड़ दें तो बड़ी कृपा होगी। हम पहले से ही आपकी मेहरबानियों का कर्ज़ नहीं चुका पाये हैं।

कांग्रेस नेता 3 : यह दो भाइयों की लड़ाई है। इसमें दो मत नहीं कि सवर्ण हिन्दुओं ने सदियों से अपने भाइयों पर अत्याचार

और अन्याय किये हैं। हम सब आपके अपराधी हैं। आप चाहें जो सज़ा दें, हमें मंजूर है परन्तु गाँधी जी तो निर्दोष हैं। उनका हृदय आप लोगों के प्रति समर्पित है। वे आपका आदर करते हैं। आपसे बड़े हैं। छोटे भाई का बड़े भाई के प्रति कुछ फ़र्ज़ बनता है। इसी नाते हम सब आपसे प्रार्थना करते हैं कि ज़िद छोड़िए और हम सबको इस संकट से उबारिये।

[अम्बेडकर चकित रह जाते हैं, कुछ सोचने लगते हैं। अचानक खड़े होते हैं और पार्श्व की तरफ़ जाने लगते हैं।

प्लेटफॉर्म पर ढेर सारे लोग खड़े हैं। अम्बेडकर का रास्ता रोक कर ज़ोर-ज़ोर से नारे लगा रहे हैं :

महात्मा गाँधी ज़िन्दाबाद!

अम्बेडकर मुर्दाबाद!

अम्बेडकर बापू को बचाओ!

देश का दुश्मन अम्बेडकर!

देशद्रोही अम्बेडकर!...]

अम्बेडकर : कल गाड़ी रोककर हमला किया था, आज मारने आये हो?

व्यक्ति : गाँधी जी भूख से मर रहे हैं, हम बरदाश्त नहीं करेंगे।

अम्बेडकर : मैं भी अपने समाज को मिले अधिकारों को छीनने को बरदाश्त नहीं करूँगा।

व्यक्ति 2 : आपको अपने समाज की चिन्ता है, गाँधी जी की नहीं?

व्यक्ति 3 : गाँधी जी ने आपका क्या बिगाड़ा है?

व्यक्ति 4 : क्या दुश्मनी है उनसे?

व्यक्ति 5 : किस जन्म का बदला ले रहे हैं?

व्यक्ति 2 : आप गाँधी जी से मिलते क्यों नहीं?

अम्बेडकर : मुझे जो कहना था, मीटिंग में कह दिया। बार-बार एक ही बात दुहराने से कोई फ़ायदा नहीं। आपका भी समय बरबाद होगा और मेरा भी। मुझे जाने दीजिए। कोर्ट का समय हो रहा है। समय पर नहीं पहुँचा तो मेरे मुवक्क़िल को सजा हो जायेगी।

व्यक्ति 3 : अगर गाँधी जी को कुछ हो गया तो सज़ा का भागीदार आपका पूरा समाज होगा।

अम्बेडकर : *(व्यक्ति 3 के सामने आकर)* कोई सोचता है कि डरा-धमका कर मुझे विवश कर देगा, यह बड़ी भारी भूल है।

[अम्बेडकर भीड़ को चीरते हुए बाहर की तरफ़ निकल जाते हैं। पीछे से भीड़ नारे लगाती रहती है जब तक प्रकाश कम-से-कमतर होने के साथ दृश्य समाप्त नहीं हो जाता है...

फेड इन...

गाँधी खाट पर लेटे हुए हैं। कार्यकर्ता बाहर से लम्बे-लम्बे डग भर कर आता है। गाँधी के पास आकर खड़ा हो जाता है।]

कांग्रेस नेता : बापू, देवीशरण आया है।

गाँधी : *(आँख बन्द किये हुए)* जानता हूँ।

कांग्रेस नेता : कुछ ख़बर लाया है।

कार्यकर्ता : बापू... प्याऊ, स्कूल और मन्दिर अवर्णों के लिए खोल देने की घोषणा हो चुकी है। यह सूचना प्रधानमन्त्री के पास भी भिजवा दी है। कई दलितों ने तिलक छापे भी लगाये हैं। उनकी फ़ोटो भी खिंचवा ली है।

गाँधी : *(आँखें खोलते हैं)* जीवन नाटक नहीं है। *(धीरे-धीरे भजन दोहराने लगते हैं)* वैष्णव जन तो तेने कहिए...

[उपस्थित कार्यकर्ता गण समवेत स्वर में गाने लगते हैं।]

(भजन)

वैष्णव जन तो तेने कहिए
जे पीर पराई जाने रे...

[धीरे-धीरे फेड आउट...

फेड इन...

अम्बेडकर स्टडी रूम में प्रवेश करते हैं। देवदास गाँधी पर नज़र पड़ती है जो पहले से उनके आने का इन्तज़ार कर रहे हैं।]

अम्बेडकर : कैसे आना हुआ देवदास!

[देवदास खड़े हो जाते हैं। कुछ बोल नहीं पा रहे हैं। आँखें छलछला जाती हैं। आँसू बहने लगते हैं।]

यह क्या करते हो देवदास?

देवदास गाँधी : डॉक्टर साहब, वे मेरे पिता हैं।

अम्बेडकर : *(देवदास के कन्धे पर हाथ रखते हैं।)*

देवदास गाँधी : कौन पुत्र चाहेगा कि उसके सामने उसका पिता उठ जाए। समझ नहीं पा रहा हूँ कि क्या करूँ? किसके पास जाऊँ? डॉक्टर साहब, आप बड़े मन के हैं और महान हैं।

अम्बेडकर : क्या चाहते हो?

देवदास गाँधी : अपने पिता के प्राण।

अम्बेडकर : तुम क्या समझते हो मैं चिन्तित नहीं हूँ?

देवदास गाँधी : आप ही कुछ कर सकते हैं...

अम्बेडकर : कोई रास्ता भी तो निकले।

देवदास गाँधी : एक बार आप उनसे मिल लें तो...

अम्बेडकर : मुझे उनसे मिलने में कोई परेशानी नहीं है। बल्कि मुझे तो प्रसन्नता होगी जब उनकी अन्तरात्मा और मेरा विवेक कोई रास्ता तज़वीज़ कर पाएँ, जिससे यह संकट की घड़ी टल जाए।

देवदास गाँधी : मुझे आपसे यही उम्मीद है।

अम्बेडकर : विश्वास रखो, मैं वातावरण बनाना चाहता हूँ। अब तक मैंने यही किया है। मुझे नेता बनने का शौक़ नहीं है। मैं अछूत वर्ग से हूँ। वह पीड़ा मैंने भोगी है। मेरा अपने भाइयों के प्रति कोई फ़र्ज़ बनता है जिसमें मैंने यह संकल्प लिया है कि जब तब तक जियूँगा उनके लिए, उनके हित के लिए, उनके अधिकारों के लिए, उनके सम्मान के लिए। वह भी मुझे निभाना है। वह मेरा नैतिक दायित्व है। यही मेरी पूजा है, यही मेरा मन्दिर है और यही मेरी ज़िन्दगी का मक़सद भी... *(बोलते-बोलते स्वर तरल हो जाता है)* देवदास...मैं जल्द उनसे मिल रहा हूँ। सबको सूचित कर दो,

उनसे भी कहो कि वे भी कुछ सोचें और ठोस सुझाव पेश करें।

[देवदास गाँधी धीमे क़दमों से लौटने लगते हैं। अम्बेडकर दरवाज़े तक छोड़ने जाते हैं। रमाबाई आती हैं।]

रमाबाई : साहब, मुँह-हाथ धो लो। भोजन लगाती हूँ।

[अम्बेडकर पीछे रखी बाल्टी से पानी निकालकर मुँह-हाथ धोते हैं। तौलिए से पोंछते हैं। काठ की पीढ़ी लाकर बैठ जाते हैं।

रमाबाई रसोई से थाली लेकर आती हैं उनके सामने रख देती हैं। बगल में बैठकर पंखा झलने लगती हैं।

अम्बेडकर गिलास उठाकर पानी पीते हैं। खाने के लिए रोटी तोड़ते-तोड़ते रुक जाते हैं।]

रमाबाई : रुक क्यों गये?

अम्बेडकर : *(टुकड़ा थाली में रख देते हैं।)*

रमाबाई : खाना क्यों छोड़ दिया?

अम्बेडकर : कोई भी व्यक्ति इतने संकट में नहीं होगा जितना कि इस समय मैं हूँ।

रमाबाई : कैसा संकट?

अम्बेडकर : गाँधी जी अनशन पर बैठे हैं।

रमाबाई : बैठक में आज क्या हुआ?

अम्बेडकर : मुझे दो विकल्पों में से एक को चुनना है।

रमाबाई : कौन-सा विकल्प?

अम्बेडकर : एक ओर मेरे समक्ष गाँधी जी को बचाने का कर्तव्य है तो दूसरी ओर प्रधानमन्त्री द्वारा दिये गये अछूतों के राजनीतिक अधिकारों की सुरक्षा की समस्या।

रमाबाई : आप क्या सोच रहे हैं?

अम्बेडकर : यदि दलित वर्गों के हितों की सुरक्षा के प्रश्न पर अटल रहा तो इसका सीधा प्रभाव गाँधी जी के जीवन पर पड़ेगा।

रमाबाई : आपने क्या फ़ैसला किया?

अम्बेडकर : मेरी मुख्य चिन्ता है कि यदि गाँधी जी का जीवन बचाया न जा सका तो भारत का हिन्दू समाज जो पहले ही दलित वर्गों का शत्रु है, वह महात्मा के हत्यारे के रूप में प्रचारित करेगा। और यह कलंक व्यर्थ में ही सदैव के लिए हमारे साथ जुड़ जायेगा अपितु इसी विषय को लेकर हमेशा सवर्ण दलित वर्गों पर अत्याचार भी करते रहेंगे।

रमाबाई : एक बात मानोगे साहब...

अम्बेडकर : क्या?

रमाबाई : ना मानो तो आपकी मर्ज़ी। मेरे दिल में एक बात है...

अम्बेडकर : ***(रमाबाई को ध्यान से देखने लगते हैं।)***

रमाबाई : मैं राजनीति नहीं जानती। मैं गाँधी जी को भी नहीं जानती। वे अच्छे-बुरे कैसे भी हों, इससे भी क्या मतलब। वे अनशन पर बैठे हैं, उनके प्राणों की रक्षा होनी चाहिए।

अम्बेडकर : लेकिन वे...

रमाबाई : वे कुछ भी हों, परन्तु जीव हत्या पाप है।

अम्बेडकर : ***(एकदम देखते रहते हैं।)***

रमाबाई : सिद्धान्त ज़िन्दगी लेने के लिए नहीं, बचाने के लिए होते हैं।

[खिड़की पर कोई पत्थर मारता है। पत्थर शीशे को तोड़कर अन्दर आ जाता है। अम्बेडकर खड़े हो जाते हैं। पत्थर को उठाते हैं।]

अम्बेडकर : माँ ने भी यही कहा था जब मैं बहुत गुस्से में था। उन लड़कों को मारना चाहता था जो मुझे कीचड़ में धक्का देकर भाग गये थे। माँ ने समझाया था, 'अम्बे...जो भाग गये वे कायर थे। कायरों से क्या लड़ना। कभी किसी को मारना नहीं, बचाना। मारने वालों से बचाने वाला बड़ा होता है।'

रमाबाई : गाँधी जी तो महात्मा हैं न...

अम्बेडकर : हाँ।

रमाबाई : आज तक महात्मा भक्तों की जान बचाते आये हैं। आप तो महात्मा की जान बचाने जा रहे हैं।

अम्बेडकर : वह भी एक अछूत...*(रमाबाई की तरफ़ मुड़कर)* तुझे ऐसी-ऐसी बातें कौन सिखाता है?

रमाबाई : आप साहब।

अम्बेडकर : मैं!

रमाबाई : आप दिन-रात पढ़ते हैं। किताबों से घर भर रखा है। मोटी-मोटी पोथियाँ हैं।

अम्बेडकर : तो।

रमाबाई : मैं अर्धांगिनी हूँ ना।

अम्बेडकर : हाँ।

रमाबाई : बस उसका आधा भाग मुझे मिल जाता है।

अम्बेडकर : वो भी मलाई वाला।

रमाबाई : यह भी अपना-अपना भाग्य है।

अम्बेडकर : तू तो मेरी गुरु हो गयी आज से।

रमाबाई : बनाओ मत साहब। हमें आता ही क्या है? उल्टी-सुल्टी दो रोटी सेंक लेना...बरतन-चौका कर लेना...कपड़े-लत्ते धो लेना। हमारे लिए तो काला अक्षर भैंस बराबर है। हम तो आपके पाँव की जूती तक नहीं हैं।

अम्बेडकर : फिर कभी मत कहना ऐसा कुछ। हम जो हैं वह तुमसे हैं, तुमने क्या कुछ नहीं किया रमा। सब तुमसे ही है, हम क़सम से कहते हैं।

[अम्बेडकर कण्ठ छू लेते हैं। देखकर रमाबाई हँस पड़ती हैं। शरमा जाती हैं।]

कल गाँधी जी से मिलने पूना जा रहा हूँ।

[पार्श्व से कोरस के कबीर का कवित्त गाने की आवाज़ आती है।]

(कवित्त)

मन लागो मेरो यार फकीरी में।
भली बुरी सबकी सुन लीजै, कर गुजरान ग़रीबी में।
आखिर यह तन ख़ाक मिलेगा, क्या फिरत मगरूरी में।
प्रेम नगर में रहनी हमारी, चारों दिशा जागीरी में।

हाथ में कुण्डी बगल में सोटा, चारों दिशा जागीरी में।
जो सुख बन्दे राम भजन में, सो सुख नाहीं अमीरी में।
कहहिं कबीर सुनो भाई साधो, साहेब मिले सबूरी में।

[रात गहरी होने लगी है। कमरे में अँधेरा बढ़ता ही जा रहा है...

गाँधी के आवास स्थल पर प्रकाश का आना शुरू हो जाता है। गाँधी खाट पर निढाल लेटे हुए हैं। आँखें बन्द कर रखी हैं और घुटने थोड़े से अन्दर की ओर मुड़े हुए हैं।

कांग्रेस के नेताओं के साथ अम्बेडकर आते हैं। कांग्रेस नेता गाँधी के पास जाकर धीरे से बोलते हैं।]

कांग्रेस नेता 1 : बापू, डॉक्टर आ गये हैं...

[गाँधी धीरे-धीरे आँखें खोलते हैं।]

कांग्रेस नेता 2 : आपके आमरण अनशन पर डॉक्टर साहब बहुत दुखी हैं।

[गाँधी धीरे-धीरे उठते हैं।]

कांग्रेस नेता 3 : *(अम्बेडकर से)* गाँधी जी आपसे सुनना चाहते हैं कि कैसे उन्हें बचा सकेंगे हमलोग?

अम्बेडकर : हमें क्या करना चाहिए?

गाँधी : यह आपको तय करना है डॉक्टर।

अम्बेडकर : *(धीरे-से)* आपने इसका मौक़ा ही कहाँ दिया?

गाँधी : *(सहज ढंग)* अब तो आ गये हो।

अम्बेडकर : महात्मा जी आपने हमारे साथ बड़ा अन्याय किया है।

गाँधी : *(शान्ति से)* क्या करूँ ये मेरी तकदीर में है कि मैं हमेशा दूसरों को अन्यायी दिखता हूँ।

अम्बेडकर : जिसका हक़ मारा जायेगा, वह तो कहेगा ही।

गाँधी : तुम क्या कहते हो?

अम्बेडकर : अपना मुआवज़ा चाहता हूँ।

गाँधी : मैं आपके साथ हूँ डॉक्टर। मेरी आपके साथ पूरी सहानुभूति है। आपने जो कहा, उनमें अधिकतर के साथ मेरी सहमति है। परन्तु आपने कहा था कि मेरे ज़िन्दा रहने का आपको भी कुछ उपयोग है।

अम्बेडकर : बेशक, बशर्त्ते आप अपना सारा समय लोगों के कल्याण में लगायें। फिर तो आप हमारे भी नायक बन जायेंगे।

गाँधी : यदि ऐसा है तो आपको यह मालूम है कि मेरे प्राण बचाने के लिए क्या करना होगा? मेरा जीवन आपके हाथों में है। क्या आप मेरे जीवन को बचायेंगे?

अम्बेडकर : ***(सोच में पड़कर)*** जी!

गाँधी : मैं जानता हूँ कि आप वह छोड़ना नहीं चाहेंगे जो कम्यूनल अवार्ड से प्राप्त हुआ है परन्तु मेरी सहानुभूति आपसे और आपके लोगों से पूरी तरह है।

अम्बेडकर : वह कैसे?

गाँधी : मुझे आपकी पैनल पद्धति पसन्द है।

अम्बेडकर : फिर?

गाँधी : लेकिन उसमें एक दोष है।

अम्बेडकर : क्या?

गाँधी : निकाल सकोगे?

अम्बेडकर : बताइए तो...

गाँधी : तुम्हें यह पद्धति सब पर लागू करनी चाहिए।

अम्बेडकर : क्या मतलब!

गाँधी : वह सारी सीटों पर लागू हो।

अम्बेडकर : परन्तु...

गाँधी : डॉक्टर हममें और आपमें क्या फ़र्क़ है? ***(अम्बेडकर की तरफ़ देखकर, भावुकता से)*** आप जन्म से अस्पृश्य हैं और मैं हृदय से।

कांग्रेस नेता 3 : हम सब किसी न किसी रूप में अस्पृश्यता की पीड़ा को महसूस कर रहे हैं।

कांग्रेस नेता 2 : आपको कम्यूनल अवार्ड से जो प्राप्त हुआ है उससे ज़्यादा हम भाई-भाई मिलकर प्राप्त कर लेंगे।

कांग्रेस नेता 4 : हम हर तरह से आपके साथ हैं। बस आपका सहयोग चाहिए। सब कुछ आप पर है।

कांग्रेस नेता 5 : यदि आप वास्तव में बापू के प्राण बचाने आये हैं तो अपना संकल्प पूरा करें।

गाँधी : ***(अम्बेडकर के कन्धे पर हाथ रखकर)*** डॉक्टर इस तरह

केवल तुम मेरे प्राण नहीं बचा पाओगे अपितु हिन्दू धर्म को भी विखण्डित होने से बचाकर एक महान कार्य करोगे। पूरा हिन्दू समाज इसके लिए सदा-सदा आपका आभारी रहेगा, कृतज्ञ रहेगा।

कांग्रेस नेता 3 : महात्मा जी नहीं चाहते हैं कि हिन्दू जाति में विघटन हो।

कांग्रेस नेता 4 : वे चाहते हैं एक रहें।

अम्बेडकर : मैं भी चाहता हूँ कि अल्पसंख्यक, अछूत या दलित जैसे शब्द निरर्थक हो जायें। जब तक इसका प्रयोग होता रहेगा तब तक यह समस्या लाख प्रयत्न हों, हल नहीं हो सकेगी। ***(उपस्थित लोगों की तरफ़ नज़र डालकर)*** अब जो भी समझौता होगा, वह अस्थायी होगा। उसकी नियति स्थायी बन गयी तो यह हमेशा एक समस्या ही बनी रहेगी। मेरी यही इच्छा है।

कांग्रेस नेता 5 : यह इच्छा अवश्य पूर्ण होगी डॉक्टर साहब।

कांग्रेस नेता 2 : महात्मा जी की भी इच्छा इससे पूर्ण होगी। सवर्ण हिन्दू इससे चेते हैं। उन्होंने भी आत्ममन्थन शुरू किया है। इससे वे और नज़दीक आ सकते हैं।

अम्बेडकर : बशर्त्ते उनके प्रति हम सबमें एक पीड़ा हो, एक टीस हो और एक होने की दृढ़ भावना।

कांग्रेस नेता 1 : हम सब आपसे सहमत हैं डॉक्टर भाई।

अम्बेडकर : मुझे जो कहना था, कह दिया। हृदय से हृदय मिलाकर चलें तो हिन्दू समाज में दलित शब्द का कोई अर्थ ही नहीं रहेगा।

[कार्यकर्ता भजन गाने लगते हैं।]

(भजन)

वैष्णव जन को तो तेने कहिए,
जे पीर पराई जाने रे...

[अम्बेडकर लौटने लगते हैं। गाँधी दरवाज़े की तरफ़ देखते रहते हैं जब तक कमरे का प्रकाश कम होते-होते अँधेरे में तब्दील नहीं हो जाता है। अम्बेडकर के कमरे का स्पॉट धीरे-धीरे आने लगता

है। अम्बेडकर कुर्सी पर बैठे अख़बार पढ़ रहे हैं। रमाबाई खिड़की के पास खड़ी है। बाहर की तरफ़ देख रही है। सड़क पर गणेशोत्सव का जुलूस जा रहा है। पार्श्व के प्लेटफॉर्म पर एक तरफ़ से लोग, 'गणपति बप्पा मोरिया...' गाते-नाचते हुए जा रहे हैं। बाहर की तरफ़ से एक सहयोगी अन्दर दाखिल होता है।]

अम्बेडकर : *(सहयोगी की तरफ़ मुड़कर)* सुन रहे हो?

सहयोगी : हाँ।

अम्बेडकर : नारे लगा रहे हैं।

सहयोगी : *(जुलूस की ओर देखते हुए)* आज़ादी हमारा जन्म सिद्ध अधिकार है...

अम्बेडकर : ये लोग हमें आज़ादी देना नहीं चाहते हैं और अपने लिए आज़ादी की माँग कर रहे हैं।

सहयोगी : आज़ादी माँगना बुरा नहीं है।

अम्बेडकर : और जाति से आज़ादी?

सहयोगी : वह हम इनसे ले लेंगे।

अम्बेडकर : कैसे?

सहयोगी : ग़ौर से देखिए, इस जुलूस में अनेक दलित भी नाच रहे हैं।

अम्बेडकर : हाँ...

सहयोगी : पूना पैक्ट का असर दिख रहा है। गाँधी जी झुके हैं। मुझे लगता है वे आगे चलकर हम लोगों के लिए अच्छे साबित होंगे।

अम्बेडकर : सवर्ण हिन्दुओं के नेता बहुत चालाक हैं। झूठी सहानुभूति दिखाने के लिए गाँधी जी और कांग्रेस ने कुछ टूटे-फूटे पुराने मन्दिर खुलवा दिए जिनमें कुत्ता भी नहीं झाँकता था। गुजरात जो गाँधी जी की अपनी जन्मभूमि है, वहाँ एक भी मन्दिर नहीं खुला हमारे लिए।

सहयोगी : गाँधी जी ने आश्वासन दिया है कि मन्दिर नहीं खोला गया तो केलप्पन के साथ वे भी अनशन करेंगे।

रमाबाई : ***(अम्बेडकर की तरफ़ बढ़ते हुए)*** एक बार हमें पंढरपुर ले चलिए। हमारा पूरा परिवार जाया करता था।

अम्बेडकर : तुम जानती हो, वहाँ मैं नहीं जा सकता।

रमाबाई : आप तो मन्दिर के लिए आन्दोलन चला रहे हैं...

अम्बेडकर : केवल मन्दिर प्रवेश करने से लोगों का उद्धार हो जाएगा?

सहयोगी : मन्दिर प्रवेश से एक रास्ता तो खुला है।

अम्बेडकर : खाने के लिए भरपेट अन्न नहीं, तन ढँकने के लिए वस्त्र नहीं, शिक्षा की सुविधा नहीं, पैसे के अभाव में दवा नहीं ...क्या ये सब हमारे ज़रूरी मसले नहीं हैं?

सहयोगी : ये तो सबसे ज़रूरी मसले हैं।

अम्बेडकर : लोगों के गले में तुलसी की माला है, क्या वह साहूकार के कब्ज़े से छुटकारा दिलवा सकती है? लोग रामचन्द्र के भजन गाते हैं तो क्या मकान मालिक उन्हें किराये में छूट देता है? हर वर्ष लोग पंढरपुर पूजा करने जाते हैं तो क्या उन्हें अपने आप पहनने को कपड़े मिलते हैं? लोग व्यर्थ ही भ्रम और जादू-टोटके में विश्वास करते हैं? धूर्त लोग बेवकूफ़ बना रहे हैं, ईश्वर के नाम पर भरमा रहे हैं...

[जुलूस दूसरे तरफ़ से नाचते-गाते हुए प्रवेश करता है। रमाबाई देखने के लिए खिड़की की तरफ़ जाती हैं।]

रमाबाई : ***(बाहर झाँककर)*** जयमाला, शिलेदार, अभिषेकी, गंगूबाई भी जा रही हैं...

अम्बेडकर : कहाँ?

रमाबाई : गणेशोत्सव देखने। मैं जाऊँ?

अम्बेडकर : कहाँ जाओगी भीड़ में?

रमाबाई : भीड़ से कैसा डर साहब?

अम्बेडकर : वह अन्धविश्वास है।

रमाबाई : मात्र मेला है...ख़ुशी का आयोजन है।

अम्बेडकर : समय का दुरुपयोग है रमा।

रमाबाई : मैं बहस नहीं करूँगी।

अम्बेडकर : मेरा विश्वास करो। मैं जो कहता हूँ उसी के अनुसार जीना चाहता हूँ। तुम मेरा साथ दोगी...अब तक बराबर देती रही हो...यह निर्णय मैं तुम पर छोड़ता हूँ। तुम जैसा चाहो करो, मेरे लिए वही ठीक है।

सहयोगी : आप पूजा के ख़िलाफ़ क्यों हैं?

अम्बेडकर : मैं पुरोहितवाद की ग़लत धारणाओं के ख़िलाफ़ हूँ। मुझे जड़ में जाना है जहाँ कर्मकाण्ड की कोपलें फूट रही हैं। हमारे घरों में घुसकर हमारे ही ख़िलाफ़ लोगों को खड़ा कर रही हैं। उन्हें इस हालत में पहुँचा दे रही हैं जहाँ कुछ सुनाई नहीं देता। ***(नेपथ्य में, 'गणपति बप्पा मोरिया...' की आवाज़)*** यह ईश्वर रह-रहकर मेरे बीच आ जाता है।

रमाबाई : ईश्वर के बारे में ऐसा क्यों सोचते हैं?

अम्बेडकर : तुम ईश्वर पर विश्वास करती हो?

रमाबाई : औरत स्वभाव से ही धार्मिक होती है क्योंकि वह अपने को अन्दर से बहुत कमज़ोर महसूस करती है। मेरे सर पर से तो माता-पिता का साया जल्दी उठ गया था। मैं किस पर विश्वास करती? किससे अपने मन की बात कहती?

अम्बेडकर : देखा है कभी ईश्वर को?

रमाबाई : अनुभव किया है।

अम्बेडकर : बिना देखे?

रमाबाई : यह सब विश्वास पर है।

अम्बेडकर : बिना समझे-बूझे विश्वास नहीं, अन्धविश्वास होता है।

रमाबाई : विश्वास जब अन्धविश्वास बनता है तभी ईश्वर का अनुभव होता है।

अम्बेडकर : यह ग़लत है।

रमाबाई : हाँ है।

अम्बेडकर : क्या?

रमाबाई : ग़लत।

अम्बेडकर : अभी तो तू कहती थी कि...

रमाबाई : वह भी सही है।

अम्बेडकर : क्यों?

रमाबाई : क्योंकि यह सब व्यक्ति के विश्वास पर है। जैसे आपका नाम...शहर का, गली का नाम...यह सब विश्वास पर है कि मैं रमाबाई हूँ और आप...

अम्बेडकर : भीमराव अम्बेडकर...***(ध्यान से रमाबाई को देखने लगते हैं)*** और भीमराव अम्बेडकर ने ईश्वर को कनिष्ठा गाँव में खिड़की से झाँककर उन चार बच्चों को निहारते देखा है जिनके स्कूल में भर्ती होने पर सवर्ण हिन्दुओं ने अपने बच्चों को स्कूल से निकाल लिया क्योंकि वे अछूत बच्चों के साथ अपने बच्चों को बैठाकर अपवित्र नहीं करना चाहते थे।...भभूत से पुते रहने के बावजूद मैंने ईश्वर को उस धर्मयुद्ध में शंखनाद करते हुए पहचान लिया जिसमें धर्म के ठेकेदार लाठियों, तलवारों और बरछों से अछूतों के घर पर हमला बोल रहे थे...बच्चों-बूढ़ों और महिलाओं को मार-मार कर घायल कर रहे थे...दरवाज़े तोड़ रहे थे...छतों की ईंटें उखाड़ रहे थे। ईश्वर को मैंने सवर्णों के साथ गलबहियाँ करते देखा है जिन्होंने अछूतों को काम देना बन्द कर दिया है, उनके जानवरों को खेतों में चरना बन्द कर दिया है, खाने-पीने का सामान बेचना बन्द कर दिया है, उनके कुएँ में मिट्टी का तेल डाल दिया है। अछूत जब शिकायत करने अदालत जाते हैं तो ईश्वर को वहाँ गाँधी जी के साथ पंचायत करते देखा है जो अछूतों को गाँव छोड़ने की सलाह दे रहे थे। मजिस्ट्रेट से शिकायत करने पर पटेल अछूतों को धमका रहे थे तब ईश्वर को मैंने धुँधलके में छिपकर दूर खड़े मुस्कुराते हुए देखा है...***(कुर्सी पर बैठ जाते हैं)*** मुझे इस धर्म में घुटन हो रही है। इस धर्म को सुधारा नहीं...नकारा जा सकता है। मुझे मरना पसन्द है पर इस धर्म में जीना नहीं।

[सामने की तरफ़ देखने लगते हैं।]

हिन्दू सोसायटी बहुमंज़िली मीनार की तरह है जिसमें

प्रवेश के लिए न कोई सीढ़ी है, न दरवाज़ा। जो जिस मंज़िल में पैदा हो जाता है उसी मंज़िल में मरना होता है। मैं हिन्दू के रूप में पैदा हुआ हूँ मगर मैं हिन्दू के रूप में मरूँगा नहीं।

[पार्श्व में प्लेटफॉर्म पर बहुत सारे लोग खड़े हैं जो मनुस्मृति के श्लोकों का सामूहिक रूप से पाठ करते हुए पन्ने अग्नि को सुपुर्द करते जा रहे हैं। अग्नि की लपटों के बीच कोरस का स्वर उभरता है।]

(कबीर बानी)

माया महा ठगिनि हम जानी
तिरगुन फाँसि लिए कर डोलै, बोलैं मधुरी बानी।
केसव के कमला होई बैठी, सिव के भवन भवानी।
पंडा के मूरत होई बैठी, तीरथहू में पानी।
जोगी के जोगिन होई बैठी, राजा के घर रानी।
काहू के हीरा होई बैठी, काहू के कौड़ी कानी।
भक्तन के भक्तिन होई बैठी, ब्रह्मा के ब्रह्मानी।
कहैं कबीर सुनो भाई साधो, यह सब अकथ कहानी।

[अँधेरा...
मंच अग्र के दायें तरफ़ से गाँधी अपने कार्यकर्त्ताओं के साथ आवास से निकलकर आते हुए दिखते हैं। दूसरी तरफ़ से अम्बेडकर अपने सहयोगी के साथ प्रवेश करते हैं।]

कार्यकर्ता 1 : सेवाग्राम में आपका स्वागत है।

अम्बेडकर : आपके प्रबल आग्रह को ठुकराना मेरे लिए मुश्किल हो रहा था।

गाँधी : अब कैसी तबीयत है?

अम्बेडकर : ठीक हूँ। सुना है मेरे धर्म परिवर्तन की घोषणा से आपकी तबीयत कुछ नासाज़ है।

गाँधी : यह बड़े दुर्भाग्य की बात है कि जब अस्पृश्यता आख़िरी साँसें गिन रही है तब आप धर्मान्तरण की घोषणा कर रहे हैं।

अम्बेडकर : जिस तरह के भयानक छल हमारे साथ हो रहे हैं, हम विवश हैं।

गाँधी : धर्म मकान या कुरता नहीं है कि जिसे जब चाहा बदल दिया।

अम्बेडकर : अपने पूर्वजों की तरह मैं भी यह बिल्कुल मानने के लिए तैयार नहीं हूँ कि उस धर्म से हर हालत में जुड़ा जाए जो न मन को जँचता है और न विकास में सहायक है।

कार्यकर्ता 1 : इससे आपको क्या लाभ होने वाला है?

अम्बेडकर : स्वराज्य पाने से आपको क्या लाभ होगा? आपको जितनी स्वराज्य की आवश्यकता है उतनी ही अस्पृश्यों को धर्मान्तरण की। दोनों ही स्वतन्त्रता पाने के लिए लड़ रहे हैं।

कार्यकर्ता 2 : धर्म छोड़ने से तो उन अधिकारों से भी हाथ धो बैठेंगे जो हिन्दू धर्म में आपको मिलते हैं।

सहयोगी : नये धर्म में नये अधिकार भी तो मिलेंगे?

गाँधी : दलित तैयार हैं?

अम्बेडकर : कुछ संशय में हो सकते हैं।

कार्यकर्ता 1 : जाति भेद तो अस्पृश्यों के बीच भी है।

अम्बेडकर : जब वर्णाश्रम धर्म नष्ट हो जाएगा, ये भेदभाव अपने आप मिट जायेंगे।

कार्यकर्ता 1 : मेरे ख़याल से उनका हित हिन्दुओं के साथ ही जुड़ा है।

अम्बेडकर : उन्हें अपना हित-अहित पता है।

कार्यकर्ता 2 : इस तरह धर्म छोड़कर जाने लगे तो हिन्दू जाति का तो विनाश हो जायेगा।

सहयोगी : भरोसा रखिए, विशेष नुक़सान नहीं होगा।

कार्यकर्ता 2 : बड़ी मुश्किल से तो मैंने गोवा के दस हज़ार ईसाइयों को हिन्दू धर्म में दीक्षित किया है। आप हिन्दुओं को दूसरे धर्म की शरण में ले जाना चाहते हैं?

अम्बेडकर : इसके वास्ते हिन्दुस्तान का इतिहास नहीं बदल जायेगा।

कार्यकर्ता 2 : हिन्दुस्तान में अगर हिन्दू ही नहीं रहा तो देश का नाम हिन्दुस्तान रखने का क्या मतलब?

गाँधी : मेरा आपसे विनम्र आग्रह है कि इस निर्णय पर जल्दबाज़ी न करें, पुनर्विचार करें।

अम्बेडकर : हमने अभी तय नहीं किया है कि किस धर्म को स्वीकारें।

कार्यकर्ता 2 : लेकिन उस धर्म को कैसे अस्वीकार कर सकते हैं जिसकी संस्कृति-सभ्यता से आप जन्म-जन्मान्तर से जुड़े हैं।

अम्बेडकर : आप किस संस्कृति-सभ्यता की बात कर रहे हैं?

कार्यकर्ता 1 : जो आपके खान-पान, जीवन-मरण, पर्व-त्योहार, रहन-सहन में आपके साथ हैं।

अम्बेडकर : ***(कुछ क्षण चुप रहते हैं फिर धीरे-धीरे)*** जब मैं छोटा था ...एक दिन स्कूल से लौट रहा था, प्यास से गला सूख रहा था। बस्ता रखकर कुएँ की जगत पर चढ़ गया। बाल्टी से पानी निकालकर पीने लगा कि एक सवर्ण की नज़र पड़ गयी। वह चीख़ पड़ा, 'हरामज़ादे, कुत्ते ...तूने कुएँ पर चढ़कर पानी क्यों पिया?' शोर सुनकर आस-पास के लोग जुट गये। सब मिलकर मारने लगे। इतना मारा कि सारा बदन नीला पड़ गया। कई दिनों तक बिस्तर पर पड़ा रहा। ***(कार्यकर्ता 1 की तरफ़ मुड़कर)*** एक दिन स्कूल जा रहा था...बारिश होने लगी तो दौड़कर एक मकान से सटकर खड़ा हो गया। मकान मालकिन ने देखा तो गरज पड़ी, 'महार होकर हमारी दीवार छूता है। हट यहाँ से।' उसने मेरे पैरों पर लाठी से ऐसा प्रहार किया कि मैं लड़खड़ाकर कीचड़ में जा गिरा। ***(कार्यकर्ता 2 के समीप जाकर)*** आपका तात्पर्य कहीं इसी लोक व्यवहार से तो नहीं है? ***(पॉज़)*** बड़ौदा नरेश के यहाँ नौकरी के लिए आया तो रात भर होटलों के चक्कर लगाता रहा। जहाँ भी जाता, लोग पहले जात पूछते। कहीं जगह न मिली तो आखिरकार नाम बदलकर पारसी धर्मशाला में ठहरा। लेकिन जब उसे मालूम पड़ा तो उसने भी धक्का देकर बाहर कर दिया। इतने बड़े शहर में कोई भी हिन्दू या मुसलमान घर देने के लिए नहीं था। भूखे-प्यासे एक पेड़ के नीचे बैठा रहा। मेरे धैर्य का बाँध टूट गया। आँखों से आँसू

बहते रहे। दहाड़ मारकर रो पड़ा। कैसी दशा है हिन्दू समाज में अस्पृश्य की! वह कितनी भी ऊँची पढ़ाई क्यों न कर ले, वह अन्य जातियों के हीन व्यक्ति से भी कनिष्ठ ही समझा जाता है। ऑफ़िस का चपरासी तक ठीक मुँह से बात तक नहीं करता था। दूर से पटक देता था फ़ाइलें। नौकरी छोड़कर बम्बई के कॉलेज में लेक्चरर हो गया। वहाँ भी वही हाल था। मेरे पीने का पानी अलग रखा जाता था। यहाँ तक कि मेरे बैठने की कुर्सी भी अलग जिस पर कोई और नहीं बैठता था। ***(गाँधी की ओर देखकर)*** कहीं आप हिन्दू समाज की इसी परम्परा की बात तो नहीं कर रहे हैं? ***(ठहरकर)*** एक बार कामकाज के तनाव से निजात पाने के लिए रायगढ़ चला गया तो वहाँ के सवर्णों ने ये कहकर कि मैंने शिवाजी का महान ऐतिहासिक क़िला अपवित्र कर दिया, मुझ पर हमला कर दिया। मेरी पत्नी को पता चला तो इतनी डर गयी कि उसने बिस्तर पकड़ लिया। उसके बाद कभी उठ नहीं पायी। उसी डर ने जान ले ली उसकी...***(बोलते-बोलते भावुक हो जाते हैं, किसी तरह अपने आपको संयत करते हुए)*** अगर आपलोग इसी संस्कृति-सभ्यता...और परम्परा की बात कर रहे हैं जो मेरे जन्म के साथ चली आ रही है...मेरे रहन-सहन में घुली-मिली है, आचार-व्यवहार में रची-बसी है तो मुआफ़ कीजिए, मुझे इससे कोई सम्बन्ध नहीं...अगर रहा भी तो खुरच-खुरच कर अलग कर दूँगा...दफ़न कर दूँगा सात परत के अन्दर...

गाँधी : तुम्हारी पीड़ा मैं समझ सकता हूँ...

अम्बेडकर : जिसने भोगा है वही इस पीड़ा को समझ सकता है।

गाँधी : दक्षिण अफ़्रीका में मैंने ख़ुद यह सब झेला है जो आज तुम यहाँ झेल रहे हो। उस गोरे अफ़सर को मैं भूल नहीं पाता हूँ, जब फर्स्ट क्लास में सफ़र करने के दौरान मुझे जगह छोड़ने के लिए कहा था। मेरे इंकार करने पर पुलिस वाले को बुला लाया। मेरे प्रतिरोध

करने पर गोरा पुलिस मुझे घसीटते हुए गेट तक ले गया और बाहर धक्का दे दिया। ***(अम्बेडकर को देखते हुए)*** जानते हो क्यों? क्योंकि उसकी नज़र में मैं ब्लैक था...काला... ***(पॉज़)*** वह घाव आज भी रह-रह टीस मारता है...

अम्बेडकर : इसका इलाज क्यों नहीं करते?

गाँधी : धर्म परिवर्तन इसका इलाज नहीं है।

अम्बेडकर : इलाज है उस व्यवस्था को ख़त्म करना जो हिन्दू समाज को मृत्यु की तरफ़ ले जा रही है।

गाँधी : कौन-सी व्यवस्था?

अम्बेडकर : चातुर्वर्ण्य व्यवस्था।

गाँधी : मेरा तो विश्वास है, हिन्दू समाज आज इसी कारण जीवित रह सका है क्योंकि वह वर्ण व्यवस्था पर आधारित है।

अम्बेडकर : मैं इसका विरोध करूँ तो आप किस ओर होंगे?

गाँधी : मैं एक हिन्दू हूँ। इसलिए नहीं कि मैंने हिन्दू वर्ण व्यवस्था में जन्म पाया है बल्कि मैं अपने विश्वास और चुनाव के कारण हूँ। मेरी अवधारणा में हिन्दू धर्म में किसी प्रकार की ऊँच-नीच की भावना नहीं है। अगर आप वर्णाश्रम का विरोध करते हैं तो मैं आपके शिविर में नहीं रह सकता क्योंकि मेरे विश्वास के अनुसार वर्णाश्रम हिन्दू धर्म का अभिन्न अंग है। मैं इसे एक उत्तम व्यवस्था मानता हूँ।

अम्बेडकर : लेकिन मुझे यह व्यवस्था हिन्दू धर्म की सबसे बड़ी कमज़ोरी लगती है और इसे हर हालत में ख़त्म हो जाना चाहिए।

गाँधी : हो सकता है इसमें कुछ ख़ामियाँ हों पर एक फोड़े-फुंसी के लिए देह को नहीं काटा जा सकता। कोई बेहतर उपचार ढूँढ़ने की कोशिश करनी चाहिए।

अम्बेडकर : सही उपाय अन्तरजातीय विवाह है। इससे ऐसी सन्तान उत्पन्न होगी जिसमें कोई जाति बन्धन नहीं होगा।

गाँधी : मैं अन्तरजातीय विवाह और सहभोज दोनों के विरुद्ध हूँ।

सहयोगी : क्या बुराई है इसमें?

गाँधी : प्रकृति विरोधी है। जिस प्रकार शौच एकान्त में किया जाता है, उसी प्रकार भोजन भी एकान्त में ही करना चाहिए।

अम्बेडकर : फिर ये भेद-भाव कैसे मिटेगा? एक तरफ़ तो आप अस्पृश्यता को ख़त्म करना चाहते हैं, दूसरी तरफ़ इसी व्यवस्था को ज़िन्दा भी रखना चाहते हैं।

गाँधी : मैं छुआछूत मिटाना चाहता हूँ परन्तु यह कार्य वर्ण व्यवस्था को क़ायम रखकर ही करना चाहता हूँ।

अम्बेडकर : वर्ण व्यवस्था के होते हुए छुआछूत कैसे ख़त्म हो सकता है?

गाँधी : मैं अछूतों के साथ भाईचारा बढ़ाऊँगा। उनके साथ अपने सगे भाई जैसा व्यवहार करूँगा। मेरे आश्रम में एक ब्राह्मण का लड़का झाड़ूबरदार का काम करता है जिससे वह आश्रम के भंगी को सफ़ाई करना सिखा सके। लड़का कोई सुधारक नहीं है। उसका जन्म और संस्कार शास्त्र सम्मत में हुआ है। लेकिन उसने महसूस किया कि जब तक वह पक्का भंगी नहीं हो जाता है तब तक उसकी उपलब्धियाँ अधूरी हैं। वह चाहता है कि आश्रम का भंगी अपना काम अच्छी तरह से करे, उसके लिए उसे खुद ऐसा करके उदाहरण प्रस्तुत करना पड़ेगा।

अम्बेडकर : वह ब्राह्मण लड़का तो कुछ दिनों बाद उस काम को बन्द कर देगा लेकिन भंगियों को वही काम आजीवन करना पड़ेगा।

गाँधी : यह समाज कई सेवाओं पर टिका है, भंगी सभी सेवाओं की बुनियाद है।

अम्बेडकर : मुझे इस सेवा पर शर्म है।

गाँधी : मुझे खुद को भंगी कहने में शर्म नहीं है और मैं हर भंगी से भी यही कहूँगा कि वे खुद भी ऐसा कहे जाने पर शर्म महसूस न करें।

अम्बेडकर : ऐसा मज़ाक़ आप ही कर सकते हैं।

गाँधी : अगर मुझे इस जन्म में मुक्ति नहीं मिलेगी तो मैं अगले जन्म में भंगी के रूप में पैदा होना पसन्द करूँगा।

अम्बेडकर : आप अगले जन्म की प्रतीक्षा क्यों करते हैं, यह कार्य तो इस जन्म में भी कर सकते हैं।

गाँधी : यह तो पुण्य का कार्य है।

अम्बेडकर : हमने तो बहुत पुण्य कर लिया, अब आप अपने अनुयायियों को यह कार्य कराकर पुण्य और लाभ दोनों कमाएँ।

गाँधी : सफ़ाई करने का काम इतना पवित्र है कि यह कार्य या तो ब्राह्मण ही कर सकता है या फिर भंगी। ब्राह्मण अपनी समझ से ऐसा कर सकता है और भंगी अपनी नासमझी से। मैं दोनों का ही सम्मान करता हूँ। इन दोनों में से कोई भी हिन्दुत्व में न रहा तो हिन्दुत्व खुद ही समाप्त हो जायेगा।

अम्बेडकर : यहाँ कोई अपने कार्य की वजह से भंगी नहीं है, बल्कि जन्म के चलते है।

गाँधी : वर्ण व्यवस्था हमें सिखाती है कि हममें से प्रत्येक को अपने ख़ानदानी पेशे के द्वारा अपनी रोज़ी-रोटी कमानी चाहिए। यह हमारे अधिकारों को नहीं वरन् कर्तव्यों को परिभाषित करती है।

अम्बेडकर : जो आदमी अपना पैदायशी धन्धा न करे, उसका क्या करें?

गाँधी : वर्ण के मुताबिक न जीकर वह अपना ही नुक़सान करता है। वह गिरी हुई हालत में पहुँचता है, पतित होता है।

सहयोगी : इसका मतलब है कि शूद्र का पढ़ना-लिखना मना है।

गाँधी : नहीं, शूद्र को भी ज्ञान पाने का उतना ही अधिकार है जितना ब्राह्मण को। लेकिन वह अपना गुज़ारा लोगों को पढ़ा-लिखाकर करने की कोशिश करे तो वह ज़रूर वर्ण धर्म से गिर जायेगा।

अम्बेडकर : ब्राह्मण के गुण पाकर वर्ण धर्म से उठ भी तो सकता है।

गाँधी : इस जन्म में ब्राह्मण नहीं कहलायेगा...उसके लिए अच्छा है कि जिस वर्ण में पैदा नहीं हुआ, उसे न अपनाये।

अम्बेडकर : बस्स आप लोगों की सेवा करते रहें...

गाँधी : सेवा करना तो शूद्र का काम है। स्वभाव है, उसका परम धर्म है।

अम्बेडकर : यह परम धर्म ब्राह्मण करने से क्यों चूक जाते हैं?

गाँधी : यदि ब्राह्मण शूद्र के और शूद्र ब्राह्मण के कार्य करने लगे तो समाज में अव्यवस्था फैल जायेगी।

अम्बेडकर : साफ़-साफ़ कहिए न कि शूद्र के दादा-परदादा जैसे आपका मैला उठाते थे, वे भी उठायें। उसके बाद लड़के ...लड़के के लड़के...

गाँधी : वर्ण व्यवस्था में किसी को अपनी पसन्द का व्यवसाय करने की स्वतन्त्रता नहीं होती है। उसका पैतृक व्यवसाय जन्म से ही निर्धारित रहता है।

अम्बेडकर : फिर सवर्णों का व्यवसाय सम्माननीय और शूद्रों का निन्दनीय क्यों हो जाता है?

गाँधी : कोई भी काम छोटा या बड़ा नहीं होता है। अध्ययन का कार्य करने वाला ब्राह्मण और गन्दगी उठाने वाला भंगी दोनों के काम समान दर्जे और योग्यता के हैं। आत्मा की सफ़ाई की ओर ध्यान देना ब्राह्मण का काम है और समाज की शारीरिक सफ़ाई का ध्यान रखना भंगी का। अपना काम पूरी लगन और ईमानदारी से करने पर समान रूप से पुण्य की प्राप्ति होती है।

अम्बेडकर : फिर पुण्य की प्राप्ति में आप क्यों पीछे रह गये? आप तो जन्म से वैश्य हैं...बनिया। तराजू की जगह कानून को क्यों अपना लिया? आपने तो व्यापार को छुआ तक नहीं जो आपका पैतृक व्यवसाय है। यदि हर व्यक्ति अपने पैतृक व्यवसाय का ही अनुसरण करे तब तो एक आदमी भडुवागिरी ही करता रहे क्योंकि उसका बाप भडुआ था। एक स्त्री वेश्या ही बनी रहे क्योंकि उसकी माँ वेश्या थी...

गाँधी : देखिए, अगर ऐसी बात करेंगे तो...

अम्बेडकर : मैं कोई महात्मा नहीं हूँ जिसके दिल में एक और ज़ुबान पर दूसरी बात रहती है। जिस दिन मेरे प्रति आपका दिल साफ़ हो जायेगा, उस दिन मुझे एक आवाज़ लगा दीजिएगा, मैं दौड़कर चला आऊँगा... ***(जाने लगते हैं।)***

कार्यकर्ता 2 : जा रहे हैं?

अम्बेडकर : क्या करें रुक कर?

गाँधी : हम सब मिलकर प्रयत्न करें तो इस घिनौनी प्रथा को जड़ से उखाड़ फेंक सकते हैं। इसके बावजूद कोई सन्देह हो तो बताइए, मैं इसका समाधान करूँगा।

अम्बेडकर : जो खुद अन्दर से डरा हुआ है वो मेरा समाधान क्या करेगा?

गाँधी : मैं डरा हुआ हूँ?

अम्बेडकर : जी।

गाँधी : मैं किसी से नहीं डरता।

अम्बेडकर : आप ब्राह्मणों से डरते हैं। जातिभेद हिन्दू धर्म की रीढ़ है और इस रीढ़ को तोड़कर एकवर्णी समाज का निर्माण करना है मुझे। मेरे इन प्रयासों में आप मेरी मदद नहीं करेंगे क्योंकि आपके ऐसा करते ही चातुर्वर्ण्य के घोड़े पर सवार होकर दलितों को कुचलने वाले ब्राह्मण आपके नेतृत्व पर सवाल उठायेंगे। सिर्फ़ नेतृत्व पर ही नहीं, आपके महात्मा होने पर भी। और ये बात अच्छी तरह से जानते हैं, इस देश में जिस बात को ब्राह्मण वर्ग मानता है, वही प्रमाण बन जाती है। एक वैश्य-बनिया...ब्राह्मणों के साथ-साथ सबका नेता बन बैठा है, इस बात का एहसास चातुर्वर्णीय ब्राह्मणों को नहीं है? उन्हें इस बात का एहसास है और वो तब तक बर्दाश्त करेंगे जब तक आप उनके हित की रक्षा कर रहे हैं। जिस दिन उनका नुक़सान करेंगे उस दिन आपका क्या हाल होगा, यह मुझे बताने की ज़रूरत नहीं है।

[कुछ क्षण तक सन्नाटा छाया रहता है।]

चलिये, एक काम बताता हूँ। कर सकते हैं?

कार्यकर्ता 2 : क्या?

अम्बेडकर : हृदय परिवर्तन की शुरुआत के संकेत बतौर।

कार्यकर्ता 2 : कहिये तो...

अम्बेडकर : हमारे एक कार्यकर्ता के. के. संकट को महाराष्ट्र के ब्राह्मण एक वर्ष के लिए शंकराचार्य की गद्दी पर बैठाने के लिए तैयार हो सकते हैं?

[कार्यकर्ता 2 की कनपटियों की नसें तन जाती हैं।]

क्या चित पावन ब्राह्मणों के सौ परिवार अपने नव प्रतिष्ठित शंकराचार्य के.के. संकट को साष्टांग प्रणाम कर अपने हृदय परिवर्तन का सबूत देने के लिए तैयार हो सकेंगे?

कार्यकर्ता 2 : यह परीक्षण ज़रूरी है?

अम्बेडकर : सबूत के लिए।*(पॉज़)* अगर ऐसा कर दें तो मैं धर्म परिवर्तन बिल्कुल नहीं करूँगा। *(कोई उत्तर न मिलने पर जाने लगते हैं।)*

कार्यकर्ता 1 : डॉ. अम्बेडकर सुनिये तो...

अम्बेडकर : लेकिन मैं जानता हूँ सैकड़ों मसूरकर जन्म ले लें तो भी किसी अछूत को शंकराचार्य की गद्दी पर बैठाना सम्भव नहीं है, जब तक ब्राह्मण इस धरती पर हैं।

कार्यकर्ता 2 : आप ब्राह्मणों से इतनी घृणा क्यों करते हैं?

अम्बेडकर : *(रुक कर पलटते हुए)* मुझे निजी स्तर पर ब्राह्मणों से कोई घृणा नहीं है। मुझे ब्राह्मणवाद से घृणा है, और वह किसी में भी हो सकता है। ब्राह्मण में भी, गैर ब्राह्मणों में भी।

[अम्बेडकर अपने सहयोगी के साथ बाहर चले जाते हैं। मंच अग्र का भाग अँधेरे में जाने लगता है... साइक्लोरामा की तरफ़ से आश्रमवासी सामूहिक रूप से भजन गाते हुए प्रवेश करते हैं।]

(भजन)

रघुपति राघव राजाराम
पतित पावन सीताराम

ईश्वर अल्ला तेरो नाम
सबको सन्मति दे भगवान...

[आश्रमवासी गाँधी के आवास स्थल पर आते हैं। गाँधी चरखा चला रहे हैं। आश्रमवासी बैठ जाते हैं।]

गाँधी : अम्बेडकर को भ्रम है कि दलित ही उनके दर्द को महसूस कर सकता है। मैं दलित नहीं हूँ लेकिन मेरे हृदय में उनसे तनिक भी कम सहानुभूति नहीं है। मैंने ही उन्हें हरिजन नाम दिया है, इस नाम से पत्र भी निकाला है। यहाँ तक कि भंगी बस्ती में जाकर रहता भी हूँ। किन्तु अम्बेडकर की नज़र में सब अपर्याप्त है। ***(चरखा चलाना बन्द कर)*** मेरी राय में डॉ. अम्बेडकर ने सबसे बड़ी जो ग़लती की वह यह है कि उन्होंने ऐसे उद्धरण चुने हैं जिनकी प्रामाणिकता और महत्ता सन्दिग्ध है और ऐसे पतनोन्मुख हिन्दुओं का उदाहरण दिया है जो हिन्दू धर्म का अत्यन्त ग़लत रूप में प्रतिनिधित्व करते हैं। ***(पुनः चरखा चलाने लगते हैं)*** किसी धर्म का निर्णय उसके सबसे बुरे नमूनों से नहीं, बल्कि उसके सर्वोत्तम नमूनों से किया जा सकता है क्योंकि धर्म के सर्वोत्तम नमूनों को ही ऐसा आदर्श माना जा सकता है जिससे आगे न जा सकें तो भी उस तक पहुँचने की आकांक्षा तो करनी ही चाहिए। ***(चरखा चलाना बन्द कर)*** जब तक घृणा हृदय से नहीं हटेगी, क़ानूनी अधिकार कुछ नहीं कर सकता। उल्टे और दूरी बढ़ायेगा। मैं हृदय परिवर्तन का पक्षधर हूँ। कानून के डर के बजाय नैतिक जागरण से बदलाव लाने में विश्वास करता हूँ लेकिन अम्बेडकर न सिर्फ़ अस्पृश्यता को मिटाने के लिए वरन् आर्थिक विषमताओं को दूर करने के लिए भी राज्य के हस्तक्षेप का समर्थन करते हैं। ***(पॉज़)*** डॉक्टर अम्बेडकर लोगों को हिन्दू बने रहने देना नहीं चाहते हैं। मैं पूछता हूँ, वे शास्त्रों के कायल नहीं हैं तो फिर किस पर विश्वास करते हैं? एक मुसलमान किस तरह

मुसलमान बना रह सकता है यदि वह क़ुरान को नहीं मानता। एक ईसाई किस तरह ईसाई बना रह सकता है यदि वह बाइबिल को नहीं मानता? यदि जाति और वर्ण परिवर्तनीय शब्द हैं और वर्ण शास्त्रों का एक प्रमुख अंग है जो हिन्दुओं की व्याख्या करता है तो मैं नहीं जानता कि एक व्यक्ति जो जाति को नहीं मानता और वर्ण को नहीं मानता, किस तरह अपने को हिन्दू कह सकता है? ***(सामने देखते हुए)*** मैं मोक्ष प्राप्त करना नहीं चाहता हूँ। दुबारा जन्म लेना भी नहीं चाहता हूँ। लेकिन यदि मुझे दुबारा लेना पड़ा तो मेरा एक अछूत का जन्म होना चाहिए ताकि मैं उनके दुख-दर्द और उन पर व्याप्त अपमानों को बाँट सकूँ जिससे मैं उस दयनीय दशा से खुद को और उनको मुक्त कराने की कोशिश कर सकूँ। इसलिए मैंने यह प्रार्थना की है कि यदि मेरा दुबारा जन्म हो तो ब्राह्मण, क्षत्रिय, वैश्य या शूद्र के रूप में नहीं बल्कि अतिशूद्र के रूप में हो।

[आश्रमवासी भजन गाने लगते हैं।]

मेरा बस चले तो मुझसे प्रभावित होने वाली सभी सवर्ण लड़कियों को हरिजन पति चुनने की सलाह दूँ। ***(धीरे-धीरे खड़े होने लगते हैं)*** मैंने कह दिया है अब मैं केवल सवर्ण और अस्पृश्य में विवाह को ही आशीर्वाद दूँगा। ***(भजन होने लगता है)*** प्रार्थना का समय हो रहा है, लोग राह देख रहे होंगे। ***(ऊपर की ओर देखकर)*** हे ईश्वर, सबके मन शुद्ध कर।

[गाँधी धीरे-धीरे कदम बढ़ाते हुए मंच के पिछले भाग में जाने लगते हैं। पीछे-पीछे आश्रमवासी भी भजन गाते हुए।

प्रकाश क्षीण से क्षीणतर...

अम्बेडकर के स्टडी रूम में स्पॉट आता है जहाँ वे तल्लीनता से कुछ ड्रॉफ्ट करने में लगे हुए हैं। बाहर से दो-तीन सहयोगी तेज़ क़दमों से अन्दर दाखिल होते हैं।]

सहयोगी : बाबा साहब, किसी ने गाँधी जी को गोली मार दी।...

[अम्बेडकर चौंककर खड़े हो जाते हैं। जो काम कर रहे थे, जस का तस छोड़ते हुए अपने सहयोगियों के साथ बाहर निकल जाते हैं।

नेपथ्य से, 'रघुपति राघव राजा राम' भजन चलता रहता है...

साइक्लोरामा के प्लेटफॉर्म पर ढेर सारे लोग खड़े हैं। अम्बेडकर उधर से निकलते हैं। काफ़ी थके हुए लग रहे हैं। तबीयत भी ठीक नहीं है, कमज़ोर हो गये हैं।

उम्र और बीमारी दोनों का असर दिखने लगा है। गाँधी की अन्तिम यात्रा में शामिल होकर लौटे हैं। स्टडी रूम में आकर जेब से रूमाल निकाल कर मुँह पर आये पसीने को पोंछते हैं।]

अम्बेडकर : जब से गाँधी जी की हत्या की ख़बर सुनी है, कुछ अच्छा महसूस नहीं कर रहा हूँ। शवयात्रा में साथ-साथ चल रहा था पर लग रहा था...सुन्न हूँ...पैर जवाब दे रहे हैं...लड़खड़ाकर गिर पड़ूँगा। थोड़ी दूर चलने के बाद लौट आया...

[मेज़ पर से गिलास उठाकर पानी पीते हैं।]

मैंने गाँधी जी से कहा था...ब्राह्मण आपको सिर्फ़ तब तक बर्दाश्त करेगा जब तक आप उनके हितों की रक्षा कर रहे हैं, जिस दिन बन्द कर देंगे उस दिन...

[बोलते-बोलते कुछ सोचने लगते हैं।]

किसी के विचार से असहमत होने का ये मतलब नहीं कि उसकी हत्या कर दी जाए। मेरा तो गाँधी जी से हमेशा विवाद रहा। न मैंने गाँधी जी को स्वीकारा,...न गाँधी जी मेरे विचारों से सहमत हुए। मेरी उनसे कोई निजी लड़ाई नहीं थी। विचारधारा के स्तर पर विरोध था। अस्पृश्यता के सवाल पर हम दोनों अपने-अपने तरीक़े से लड़ रहे थे...एक संवाद कर रहे थे...संवाद अधूरा छोड़कर गाँधी जी चले गये...

[चादर उठाकर शरीर पर डाल लेते हैं। कुर्सी पर बैठ जाते हैं।]

जूलियस सीज़र की एक घटना याद आ रही है। सिसरो को जूलियस सीज़र की हत्या के बारे में बताया गया तब उसने कहा था—'रोमन लोगों से कह दो कि अब उनके आज़ाद होने का समय आ गया है।' ***(पॉज़)*** मुझे गाँधी जी की हत्या का दुख है पर सिसरो के ये उद्गार मैं भुला नहीं पाता हूँ...***(सामने की तरफ़ देखकर)*** रोमन लोग तो आज़ाद हो गये पर हमारी लड़ाई अभी भी जारी है। तिरस्कृत ग़ुलामी और अमानुषी अन्याय के गर्त में सड़ रहे जिस समाज में पैदा हुआ हूँ उसे ख़त्म करने के लिए लड़ता रहूँगा। चाहे एक-एक कर के मेरे साथी चले जायें ...अपने बेगाने हो जायें...सेहत साथ देना छोड़ दे...मैं लड़ना नहीं छोड़ूँगा। अगर विफल हुआ तो खुद पर गोली चला दूँगा।

[बोलते-बोलते हाँफने लगते हैं।
प्लेटफॉर्म पर खड़े कोरस में से एक सहयोगी निकलकर आता है। पीठ पर हाथ रखकर सहलाने लगता है।]

सहयोगी : रात काफ़ी हो गयी है।

अम्बेडकर : ढेर सारे काम पड़े हैं।

सहयोगी : दूसरे लोग कब के सो गये हैं।

अम्बेडकर : उनका समाज जगा हुआ है। हमारा समाज अभी सोया है इसलिए हमें जागना होगा।

सहयोगी : आपकी तबीयत ठीक नहीं हैं।

अम्बेडकर : मुझे अफ़सोस है कि मेरी लाख कोशिश के बावजूद हमारा दलित समाज एक नहीं हो पाया। सुविधा पाने के लिए एक हैं, वैसे बँटे हैं। जो मैं चाहता था, वह नहीं कर पाया। मैंने बहुत दुख और उपेक्षा के बीच इस संघर्ष को जारी रखा है। यदि तुम लोग इसे आगे न ले जा सको तो पीछे भी मत ले जाना।

सहयोगी : अब आराम करिए।

अम्बेडकर : रत्तू, तुम भी घर जाओ। सुबह जल्दी आ जाना। ढेर सारे पन्ने टाइप करने हैं।...लाइट ऑफ करते जाना और सुदामा से कह देना कि कॉफ़ी थरमस में भरकर रख दे और थोड़ी-सी मिठाई भी।

[सहयोगी लाइट ऑफ कर देता है। कमरे में अँधेरा हो जाता है। स्पॉट केवल अम्बेडकर पर। सहयोगी कुछ क्षण तक खड़ा रहता है फिर मुड़कर बाहर की तरफ़ निकल जाता है।

रात काफ़ी हो गयी है। चारों तरफ़ सन्नाटा है। अम्बेडकर मेज़ पर से वायलिन उठाते हैं। बजाने लगते हैं। बजाते-बजाते गहरे उतरने लगते हैं। प्लेटफॉर्म में खड़ा कोरस सामूहिक स्वर देकर गाने लगता है।]

(कबीर बानी)

बहुरि नहिं आवना या देस।
जो-जो गये बहुरि नहिं आये, पठवत नाहिं संदेस।
सुर-नर-मुनि और पीर औलिया, देवी-देव-गनेस।
धरि-धरि जनम सबै भरमे हैं, ब्रह्मा-बिस्नु-महेस।
जोगी जंगम और संन्यासी, दीगम्बर दरबेस।
चुंड़ित-मुंड़ित-पंडित लोई, सुर्ग रसातल सेस।
ज्ञानी गुनी चतुर औ कबिना, राजा रंक-नरेस।
कोई रहीम कोई राम बखानै, कोई कहै आदेस।
नाना भेष बनाये सबै मिलि, ढूंढि फिरै चहुँ देस।
कहै कबीर अन्त ना पैहो, बिन सतगुरु उपदेस।

[क्रमशः अँधेरा]

□□